主持人即兴评述
———— 编委会 ————

主　编：苏凡博

编　委：田　宇　廖俊宇　孙　愈
　　　　殷　琳　黄　勇　陈丹扬
　　　　史泽慧　刘倩伶　黄　婕

播音与主持艺术专业
考前辅导丛书
BOYIN YU ZHUCHI
YISHU ZHUANYE KAOQIAN
FUDAO CONGSHU

主持人即兴评述

ZHUCHIREN
JIXING PINGSHU

苏凡博 ⊙ 主编

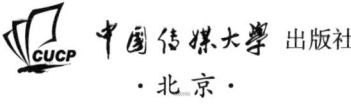
中国传媒大学 出版社
·北京·

序

2014年4月7日,我带着几个学生申请了一个名为"播音梦工场"的公众号,初衷是希望所有爱好播音主持、拥有播音主持梦想的孩子,不论贫穷富有、不论家长是否支持、不论身处何方,都能通过这个公众号获取免费的资源,进而实现自己的梦想。公众号中有个教大家即兴评述的专栏叫"即评可以这样说",几年下来积累了很多案例,于是,我们将这些案例和话题结集成册,出版了这本《主持人即兴评述》。

时至今日,"播音梦工场"已有3万多粉丝,然而当初的梦想却似乎仍然遥不可及。在竞争日益激烈的今天,不少有意报考播音与主持艺术专业的学生通过培训班或者名师指导来备考,但是,我始终相信,至少在即兴评述这个考试项目上,完全有可能通过自学一本合适的教材从而实现突破。当历经一年多时间,终于完成这本书时,我可以欣慰地说,这个小梦想终于要实现了。

任何学习,想要取得良好的效果,都离不开勤奋的精神和正确的方法。勤奋无须多言,而正确的学习方法却需要老师引导。因此,在学习本书之前,请一定仔细地看看后面这些文字,这将让你的练习事半功倍。

问题一:拿到题目后总觉得没几句话可说,怎么办?

拿到题目觉得无话可说,通常是由于平时缺乏材料积累和思维训练,再加上情绪紧张导致的。很多同学因刚开始学即兴评述表现不佳,在平时就总逃避即兴评述的训练,指望在考场上能超常发挥。即兴评述水平的提高需要通过长期的练习,所以,不要想太多,从今天开始拿起这本书,每天抽出一个小时进行练习,一个月之后你会逐渐摆脱这个烦恼。

问题二：拿到题目后想到很多，却不知该说哪些。

通常，初学者会经历从"没什么可说的"到"想说的太多"这样一个过程，如果进入这个阶段，你就基本入门了。但是，你还需要再经历一个"由多到少"的阶段，也就是需要学会提炼主要观点和内容。"想说的太多"说明你的归纳概括能力还有待提高，当你学会了更高级的思维方法，就能将各个看似零散的观点归纳概括为几点。这个时候做评述，不再是想到什么说什么，而是先想好逻辑框架，从框架出发去概括想说的要点。这样就不会存在不知如何取舍的问题了。

问题三：我得说多久才能拿高分呢？

很多同学觉得只要围绕话题流畅地说到考官叫停，自己就能拿高分了，其实并非如此。只有在规定时间内说得完整、说得好才可能拿到高分。一般来说，每个学校都会在招生简章上注明考试限时的要求，但实际考试时不一定严格按招生简章上写的时长计算，因此到了考场后请一定要留心前面几个同学平均进去说了多久，做到心中有数。每年播音主持的考生众多，绝大多数情况下没有学校会让单个考生的即兴评述超过3分钟，因而在平时的练习当中，要养成计时的习惯，在2分半到3分钟之间完成一个即评。同时，要能自如控制时间，同样的话题也可以说1分钟、1分半钟、2分钟几个不同的版本。这样的话，在不同的考场就能根据前面同学的平均时间知道自己该说多久，并在合适的时间内完成一个完整的即兴评述。

问题四：怎样组织评述的内容结构？

评述的结构其实就是你的思维逻辑的结构，在评述中表现为段落层次。在本书中，每个案例都有一张结构表，就是希望大家能够用这种方式来养成组织评述结构的好习惯。

如果我们从两个方面去总结一个话题，似乎不太立体。如果从四个以上的方面去总结，会让自己和他人都难以记住。因此，我们大部分时候习惯将一个话题从三个方面进行评述。这样的话，加上开头和结尾，通常会将评述分成五段。第一段是开头，陈述相关新闻和现象，提出观点。第二、三、四段分别用三个分论点来支撑总的观点。最后一段是总结段，再次总结自己的分论点，重复自己的观点。如果是3分钟的评述，开头和结尾（第一段和最后一段）各用时30秒，中间三段各用时30到40秒。这样的话正好在2分半到3分钟之间结束话题，既不会超时说不完，又不会说得不够充实。

我们在平时练习时要注意严控时间，包括每个段落的时间。如果某个段落说多了，必然会占用其他段落的时间，使得整体结构不协调。所以，一个准备充分的考生，应该既能把控好整体时间，又能把控好每个段落的时间。

问题五：需要尽量用华丽的辞藻和优美的句子吗？

不需要。即兴评述的准备时间通常都很短，我们需要形成观点、建立结构、寻找事例，能够流畅地表达出来就可以了。从本质上来说，即兴评述是一种即兴的口语表达，短句多、生活语言多。用了华丽的辞藻和优美的句子反而不像即兴口语了，会缺乏交流感、不鲜活，甚至会让评委觉得你说的是之前背的东西。所以，尽量不要花精力在构思华丽的辞藻和优美的句子上面。观点、层次、流畅度才是要重点考虑的，但如果能够在此基础上有文采，当然会有加分作用。

问题六：即兴评述是不是就是一篇口头的议论文？

我们平时所写的议论文的确和即兴评述在结构和内容上很相似，但是要注意的是，即兴评述通常是即兴的，准备时间短，同时它又是通过口语表达出来的。那么我们在准备的时候，主要归纳出自己的观点和逻辑结构，有时可以通过关键词的形式记下自己所准备的内容。句子的组织伴随句子的表达，不要背下固定的句子，应该培养自己的即兴组织和表达能力。组织句子时应该尽量避免长句，长句会让表达者和听众都很累。

本书的相关练习部分就是帮助考生在拿到题目后迅速通过关键词和关键句串联起自己的即兴评述。因此，在完成这部分练习时，应该在五分钟之内填好关键词和关键句，随即开始即兴评述。

问题七：为什么我觉得我表达了某个观点，听众却未能抓住？

文字可以供人反复观看，口头语言却稍纵即逝，当我们将要表达的意思埋藏在段落中间时，听众往往抓不住我们的观点。因此，需要在每个段落中尽量用些提示语，如"首先""其次""最后""一方面""另一方面"等，使自己的观点容易被评委抓住。在提示语后面应该紧接关键句，关键句是对观点的明确概括。将提示语和关键句放在每一段的开头，会使得你的表达更加清晰有条理，请不要将关键句埋在段落当中。本书的相关练习都是采取这种结构让大家练习的，目的就是让大家形成良好的表达习惯。

问题八:是不是一定要观点新颖才能拿高分?

不需要刻意追求观点新颖。评委们看的是观点和观点的论述过程。相对而言,逻辑合理、层次分明的论述更重要。通常,大家的观点都不会有太大差别,但是论述的过程却会有很大的差别,因此我们更需要注重如何去论述观点,而不是提出一个与众不同的观点。如果你有一个相对新颖的观点,又有充分的论述来支撑这个观点,当然会更好。但是记住,论述层次分明是前提。

问题九:拿到的题目没有见过怎么办?

不同学校的题库中题目众多,这里面一定有你不了解的题目。遇到这种题目,先告诉自己不要紧张,因为你没见过的题目别人可能也不了解,你只要表现得相对较好就可以拿高分了。然后,你需要将拿到的题目归类,回想自己练过的相近话题的分析框架,思路清晰了,自然也就会说了。

我们需要着重掌握分析话题的方法,在这本书中,每章都会介绍一个以上的分析方法,掌握了方法,就能以不变应万变。

问题十:热点话题评述我需要背下来吗?

千万别背!你所看到的所有的案例都不要去背,一来我们不可能背那么多案例,二来背出来的东西缺乏交流感,三来如果考试时忘掉了自己所背的内容可能会导致表现失常。再次提醒:你需要的是掌握和熟练运用书中所介绍的解题方法。如果能将本书介绍的十几种方法都熟练掌握了,你便可以从容应考。

问题十一:面对考官时我以什么身份来进行评述?

这个问题很少有人提出,但却很关键。有些同学总是以一个学生的姿态去参加考试,这容易让我们的即兴评述像回答问题,这是不可取的。

请将自己设想为一位主持人,将评委设想成你的观众朋友,朋友之间当然是平等的。这里所说的将自己设想为主持人,并非指加上主持栏目时的开场白之类的语言,而是说要有主持人的交流感觉和交流状态。做到这点很不容易,这需要大家在平时练习时多加注意。可以在日常练习时找一个搭档,将自己设想为主持人,将他设想为观众,两人互换身份进行练习,并相互提出意见和建议。最后慢慢做到眼前无受众、心中有受众。

问题十二：评委评分的主要依据是什么？

每个学校的评分依据都不太一样，但总是围绕着以下几点进行评分：

1. 观点及观点的论证。是否有观点？观点是否立起来了？是否独到？
2. 结构。是否有段落层次？层次之间是否有逻辑？逻辑是否严谨？
3. 表达。表达是否流畅？用词是否准确、丰富？是否有交流感？
4. 副语言。体态、表情、手势、眼神是否自然得当？

除此之外，即兴评述时的语音和发声也会成为某些学校的评分依据。但在即兴评述时，我们如果太关注语音和发声，往往会导致没有交流感、表达不流畅等问题。因此，建议大家注重基本功的练习，将语音和发声练习到一种下意识的状态，如果语音和发声还有某些问题没有解决，也不用纠结，要保持自信，评委主要还是关注你的评述。在即兴评述考试时将注意力集中在以上四点，尽量把每一点都做到最好。

问题十三：总是语流不畅怎么办？

语流不畅的原因很复杂，不同的原因需要有不同的处理方式。在解决这个问题之前，大家可以做这样一个实验：讲述一个自己熟悉的故事（可以是身边人的故事，也可以是自己了解的一件事情或者新闻）。

如果自己能够流畅地讲述出来，那说明你的语流不畅主要是因为没有内容可讲，或者是因为评述时的心理状态不对。如果是因为没内容可讲，每天按照本书方法练习将解决这个问题。如果是因为心理状态不对，请先找一位家人或朋友作为你讲述的对象，把自己想到的内容讲给他听，突破心理障碍。

如果不能流畅地讲述出来，那么说明自己的语言表达能力比较差。需要每天练习新闻和故事的复述。如果坚持一个月仍然总是语流不畅，说明语言天赋有限，那么就要慎重考虑是否继续学习播音主持专业了。

问题十四：说着说着突然脑袋一片空白怎么办？

这主要是紧张的心理引起的，也有即兴评述前准备方法不当的原因。要克服这个问题，首先，要加强积累，掌握方法，使自己更有信心面对考试；其次，要建立良好的交流状态，平时练习就要做到忘我地交流；最后，要多模拟真实的考试情景，这样就能做到进入考场不怯场。

问题十五：在评述过程中忘记了自己接下来要讲的点怎么办？

在非常紧张的情况下，我们很容易忘记自己接下来要讲的要点，尤其是当这些要点本来就是即兴想到的情况下。但是，如果你已熟练掌握多种思维方法，那就不存在这个问题了。例如，当我们使用"政治经济文化分析法"，你不会分析完政治、经济之后忘记了第三点是谈文化吧？所以，我们需要针对每种思维方法进行反复练习，直到形成条件反射。这时候，你就不存在忘记接下来要讲的要点的情况了。

另外，关键句、关键词记忆法也有助于我们提纲挈领，流畅表达。

问题十六：我的眼睛该看摄像机还是该看评委？

不同学校的招生考试形式不同。有些学校在外地招生时是将录像带送回学校后由评委看录像进行统一评分，在这种情况下需要看着镜头进行评述。但绝大部分高校都是评委现场给分，考场通常会有摄像机记录考试时的情况以备发生争议时复查（这种情况极其罕见），在这种情况下可以不用考虑摄像机。还有一种情况是评委老师面前有个显示器会显示你考试时的图像，这主要是给老师提供一个参考，看你是否上镜，这个摄像机一般会放在评委中间，那么跟摄像机交流和跟评委交流都是一样的，你可以自然地跟正中间的评委交流，交流状态好的话，镜头里的你也会更上镜。

以上便是我们收集到的常见问题，如果你还有其他问题，也可以在"播音梦工场"微信公众号进行留言，我们将会给你回复。

接下来，我将介绍本书的结构和利用本书进行学习的一些方法：

本书将评述话题分成了十大类，基本上每个章节就是一类话题（不是常考的话题类别我们进行了合并），基本囊括了考试中的常见话题类型。

与市面上的即兴评述辅导书不同的是，本书并未止于对考试内容的简单总结，而是在每一章的第二节都介绍了至少一种即兴评述的思维方法，你也可以将其视为解题方法或解题套路。相对于掌握考题范围和内容，掌握思维方法才是真正的取胜之道。

为了让大家更直观地了解书里介绍的解题方法，首先，我们在解题方法之后会列举运用这种方法的即兴评述案例。其次，我们会介绍多个同类话题的新闻和评述，大家既可以将这些新闻作为以后评述时的素材，又可以将其作为复述练习的材料。最后，我们会给出评述的纲要，这其实是将即兴评述时脑中的构思通过直观的形式展现出来，如果你每次拿到一个题目都能很快画出这样一张图来，你的即兴评述就不会有大的问题了。

  在第三节，我们将一些热点话题作为练习让大家以完形填空的形式完成，对于每一个话题，你可以花五分钟准备，在书中记下每一段的关键词和关键句，然后进行口头即兴评述练习。

  在每章的第四节，我们又独创性地开辟了一个"《新闻1+1》评析"的版块。在现实学习中，我们往往需要一个模仿的对象。与对象的交流感、口头语言的组织和表达、手势眼神表情的把握、说话时的语气和分寸等很多内容不能在书本上直观呈现，我们就需要一个能现身说法的老师。而《新闻1+1》的节目主持人白岩松无疑可以充当这样的良师。通过扫描二维码你可以进入央视官网观看视频节目，我们还对选择的每一期节目内容都进行了详尽的分析，并且归纳出了其中的素材和经典语录。大家在练习时可以先不看我们的分析，自己写一份分析笔记，然后与书里的分析进行对照，这样可能会花费比较多的时间，但会起到事半功倍的作用。

  最后，祝同学们考试顺利，心想事成！

CONTENTS 目 录

第一章 民生类话题 /1
　　第一节　解题方法　/1
　　第二节　案例分析　/2
　　第三节　相关练习　/12
　　第四节　《新闻1+1》评析　/16

第二章 互联网话题 /20
　　第一节　解题方法　/20
　　第二节　案例分析　/21
　　第三节　相关练习　/31
　　第四节　《新闻1+1》评析　/35

第三章 文化类话题 /38
　　第一节　解题方法　/38
　　第二节　案例分析　/39
　　第三节　相关练习　/47
　　第四节　《新闻1+1》评析　/51

第四章　安全类话题　/55

　　第一节　解题方法　/55

　　第二节　案例分析　/56

　　第三节　相关练习　/66

　　第四节　《新闻1+1》评析　/69

第五章　教育类话题　/74

　　第一节　解题方法　/74

　　第二节　案例分析　/75

　　第三节　相关练习　/84

　　第四节　《新闻1+1》评析　/87

第六章　道德类话题　/92

　　第一节　解题方法　/92

　　第二节　案例分析　/93

　　第三节　相关练习　/100

　　第四节　《新闻1+1》评析　/104

第七章　社会群体类话题　/109

　　第一节　解题方法　/109

　　第二节　案例分析　/110

　　第三节　相关练习　/118

　　第四节　《新闻1+1》评析　/121

第八章　时政类话题　/125

　　第一节　解题方法　/125

　　第二节　案例分析　/126

　　第三节　相关练习　/137

　　第四节　《新闻1+1》评析　/140

第九章　环境类话题　/144

　　第一节　解题方法　/144

　　第二节　案例分析　/145

　　第三节　相关练习　/154

　　第四节　《新闻1+1》评析　/158

第十章　体育科技类话题　/162

　　第一节　解题方法　/162

　　第二节　案例分析　/163

　　第三节　相关练习　/170

　　第四节　《新闻1+1》评析　/173

第一章　民生类话题

民生类话题指与人民群众的日常生活息息相关的话题,主要包括吃、住、行、病等方面。此类话题与我们每一个人、每一个家庭都相关,因此在分析时可结合自身生活体验换位思考,也可联系生活当中的所见所闻进行评述。在历年的考试中,民生类话题都是出题的重点。民生类话题覆盖面很广,受关注度极高,因此本书单独将一些热点频出的民生类话题分出来作为一类,如教育类话题、安全类话题、环保类话题和社会群体话题。本章的民生类话题主要关注吃、住、行、病四个方面。

关注度:★★★★★

	分类	具体事例
民生类话题	吃	青岛天价大虾
	住	一线城市房价问题、垃圾围城
	行	交通拥堵、文明出境游
	病	看病难、医患关系

第一节　解题方法 >>>

解题方法:不同主体切入法。

这里的主体指在一个话题中代表不同利益或持有不同观点的群体。大多数民生类话题都可以归纳出三个以上的主体,建议在评述时切入的主体不要超过三个,太多的主体切入会导致话题零散,每个点的分析都难以深入。运用此方法,从两方或三方主体切入是比较理想的。

不同主体切入法的优点是简单易学,简单练习几次之后就能掌握;弊端是用的人太多,容易落入俗套。评述拿高分的关键是能够对各方主体进行较为透彻的分析,有理有据,最后在论据和论证的基础上提出自己独到的观点。

一、不同利益主体

很多民生类话题涉及多方的利益和责任,如质量问题(消费者、商家、监管者)和医患问题(医者、患者、政府部门)。当我们区分出不同的利益主体之后,就比较容易对其中的利益关系以及各利益主体在事件当中应该承担的责任进行评述。

在评述时,有些同学喜欢用"应该"句式,例如在分析医患矛盾时,很多同学会说"医生应该……患者应该……政府部门应该……",这样会给人一种居高临下的不适感。如果我们换个看问题的视角:从医生的角度来看,医生超负荷工作很不容易;从患者的角度来看,患者身体不适还要面临看病难、看病贵的困难;从政府的角度来看,政府部门要解决大量人口的看病问题并不容易;希望各方能在互相体谅的基础上,共同改进自身的不足。以这样的视角进行分析,更易让各方接受。可见,同样是用不同利益主体切入法来分析话题,分析的视角不同,获得的效果也会不一样。

二、不同观点主体

同一个事件,不同的人站在不同的立场会有不同的看法。参与讨论的人并非都与事件有利益关系,因此我们可以根据不同观点区分出不同观点主体,对其观点进行分别评述。例如,从"吃狗肉,该不该?"这个话题中,我们能区分出对吃狗肉持赞同和反对观点的不同主体,可对其分别进行评述后再提出自己的见解。

从不同观点主体切入评述,常用的句式是"有的人认为……有的人认为……我觉得……"。用这种方法进行评述时,重点在于对"我觉得……"这部分的阐述,如果在这部分能够跳出大家的一般看法,提出更有说服力的观点,就会使自己的评述脱颖而出。

本章案例分析中的例一和例二分别采用了不同利益主体切入和不同观点主体切入的评述方法。

第二节 案例分析 >>>

一、广场舞

(一)新闻回顾

人民网:近日,网友分享了中国大妈将广场舞带出国门,在举世闻名、游人如织的

> 可以先练习说新闻再说即评

卢浮宫广场跳得不亦乐乎的场景。

长沙晚报：长沙的大妈们在高考来临之际，纷纷选择将广场舞调到"静音"模式。社区广场舞队在居民区的露天排练将全部暂停，社区物业和志愿者将对大妈们和小区门店进行"静音监督"。

新华网：泼粪、放藏獒……为了对抗广场舞，各地奇招频出。在多次交涉无果后，温州市区新国光商住广场的住户们下了血本。他们花26万元买来"高音炮"，和广场舞音乐同时播放。住户们说，这也是没办法的办法。

2017年5月31日下午，河南洛阳王城公园篮球场一群打篮球的年轻人和跳广场舞的中老年人因场地问题发生矛盾，由言语冲突发展成为肢体冲突，当地警方介入。

（二）评述纲要

评述维度	关键句
大妈	跳广场舞能促进身心健康，应该鼓励而非歧视。
居民	期望有一个安静的居住环境。
政府	本质上是公共设施不足，要建设更多的公共配套设施。

（三）评述范文

随着社会老龄化问题的日益突出，越来越多的老人独自在家，子女忙于工作，不能常常回家探望，于是大妈们用跳广场舞来消遣。不过，随着跳广场舞的人数越来越多，又给住户们造成了噪音扰民的烦恼。

从大妈们的角度来看，跳广场舞不仅可以强身健体，还可以扩大交际圈。只要天气好，就能平等地享受场地、音乐、老师的教导，没有门槛、没有歧视，也不存在优劣比较，这让老年朋友们更快乐、自信、豁达。

从居民的角度来看，广场舞音乐的音量往往特别大，从而影响到附近居民的生活。换位思考一下，如果你正在考试，楼下突然传来"熟悉的旋律"，你还能专心作答吗？如果你买了几万元一平方米的商品房，却如身处闹市当中，你会不生气吗？

但我认为，跳广场舞引发的问题，表面上是大妈和居民两方的利益出现冲突，但在更深层次上却是民众日益增长的精神文明需要和政府提供的公共活动空间匮乏之间的矛盾。这些年，房地产业高速发展，但与之相配套的公共活动空间却不足。一边是快速增长的城市人口，一边是难以满足城市人口需求的公共空间和公共服务。我们往往只关注到了问题的表面：大妈们和居民们的纠纷，却忽略了问题的实质：公共资源的缺乏。

当然,在短期内公共空间难以满足民众需求的情况下,大家只有拿出"己所不欲,勿施于人"的公共精神,广场舞问题才可以得到相对圆满的解决。比如,我们可以根据双方利益讨论制定一个细则,附近居民是不是多数同意大妈们跳广场舞?地点选择在哪?什么时间合适?音量控制在多少分贝以内?而长期来看,只有政府多投入资金,建设更多的公共空间,才能从根本上解决这一问题。

二、吃狗肉,该不该?

(一)新闻回顾

"荔枝狗肉节"是中国广西玉林市民间自发形成的节日,是一种欢度夏至的民俗。每年夏至(玉林人称之为"一年中最热的一天"),豪爽好客的玉林市民都会准备佳肴美酒,呼朋唤友地聚在一起热闹一番。由于每一年的玉林"荔枝狗肉节"都会屠杀掉大量的狗,因而遭到全国动物保护等各界人士的声讨与反对,甚至有网友将其称为"玉林杀戮事件"。

广西玉林的"荔枝狗肉节"引发社会热议,不少人在公开场合现身抵制,甚至有动物保护人士到玉林花钱买狗阻止屠杀。爱心人士救下的417只狗被运抵扬州,光运费就花了1.5万元,其中4只狗在途中死亡。

在广西玉林江滨新民路附近的狗肉馆,几名爱狗人士与当地食客发生冲突,导致一名食客嘴巴处流血。事件引发附近民众聚集,冲突双方亦被警方迅速带离。一名玉林男子称,事发时间在晚上8点多,当时几名外地爱狗人士不知何故与食客发生摩擦,后演变成动粗,他表示自己亲眼看到食客嘴巴处都是血。至当晚10点50分左右,警方劝离现场民众。

(二)评述纲要

评述维度	关键句
赞同	吃狗肉与道德无关,只是文化差异。
反对	狗是人类的朋友,并且狗肉来源不清楚。
建议	爱狗者应守住法律底线,经营者应规范经营。

(三)评述范文

近几年"吃狗肉,该不该"这个话题引起了广泛的争论,甚至还出现了吃狗肉人士与爱狗人士之间的冲突事件。

赞同吃狗肉的人认为,狗肉本身只是一道菜并且具有一定的营养价值,没有必要将吃狗肉上升到道德的层面。狗肉和猪肉、牛肉、羊肉一样都是肉,吃什么肉不吃什么肉只是文化的差异,并没有优劣之分。

反对者认为狗与其他动物的不同之处在于,进入工业社会之后狗更多是作为宠物与人类共处,狗比其他动物更通人性,是人类的朋友。吃狗肉的行为非常残忍,很难让人接受。而且,狗肉来源往往不清楚,容易引发食品安全问题。

双方都有道理,那究竟怎么做,才能更好地处理这种争端呢?首先,赞同者和反对者之间应该相互尊重。举个简单的例子,印度人不食牛肉,若特意发吃牛肉的照片给他们看,就是犯别人的忌讳,是很不尊重别人的行为。其次,对构成违法犯罪的行为,要依法进行惩处。比如爱狗者对正常经营的商户进行骚扰、威胁的行为,商家偷盗、贩卖未经检疫甚至病死、毒死的犬只用于食用的行为,都已经越过了法律的红线,应依法惩处。最后,关于价值观和道德范畴的问题,则要交给大众和时间,以大多数人能够接受为标准。一个文明社会所秉持的主流价值观,应该能够区分哪些是出于生存和生活需要的杀生,哪些是代表愚昧落后的不必要的残忍。

三、青岛天价大虾

(一)新闻回顾

2015年10月4日,有网友爆料称,在青岛市乐凌路"善德活海鲜烧烤家常菜"吃饭时遇到"宰客"事件,该网友称点菜时已向老板确认过"海捕大虾"是38元一份,结果结账时变成38元一只,一盘虾要价1500余元。游客报警之后,经过警察协调,付款1300多元。

(二)评述纲要

评述维度	关键句
商家	欺诈行为、蛮横态度令人发指,经商应该正当守法。
游客	保持警惕和理智,善用法律的武器维护正当利益。
执法	提升监管和执法能力,大力规范旅游市场。

(三)评述范文

俗话说,君子爱财,取之有道。无良的商家通过玩文字游戏坑骗游客实在是一种不道德且令人发指的行为。细细盘点旅游中的那些"糟心事",无一不与钱有关。云南的"导游事件"也曾引起轩然大波,仅因为游客不参与"1元"纯购物旅游团,导游在大巴车上大发雷霆,辱骂游客。本次"青岛天价大虾事件",除了游客自身需要提高警惕外,商家和相关执法部门更需要发挥正确作用。

首先,在旅游成了享受型消费中的重要支出的年代,学会做一个理智的消费者,会给旅途减少一些烦恼,增添一些惬意。游客被坑事件屡屡发生,我们也需要反省自身,提高自己的辨别能力,不盲目消费、从众消费。在依法治国的大背景下,法律是我们的护身符,必要时,我们要拿起法律的武器维护自身的合法权益。

其次,商家应该意识到,欺诈行为不仅仅是不道德的,更破坏了市场秩序。从这个角度来说,商家和导游与其把心思放在"坑蒙拐骗"上,不如想想怎么提高自己的服务质量,获得游客的认可。因为,相比起一瞬而过的快感,人们更加注重对品质的追求。

最后,相关部门要加强执法力度,对于这种宰客行为要予以严惩,为市场经济的运行营造一个良好的市场环境。"青岛天价大虾事件"的最终结果是顾客仍支付了千余元的餐费,尽管警方介入调查,依旧不能妥当地解决此事,追根究底还是工商部门、物价局等责任单位没有很好地履行自己的职责,同时相关的法律也有待进一步完善。

"青岛天价大虾事件"看似是一次游客"被宰"事件,实际反映出的是整个旅游市场的混乱。如何规范旅游市场是与我们每个人都息息相关的事情。作为个人,要提高自己的辨别能力,在外游玩时除了要保持轻松愉悦的心情,更要时刻保持警惕,谨防被骗。同时,相关部门也要承担起相应的责任,还大众一个良好的市场环境。相信在各方的努力之下,无良的商家将无安身之处。

旅游本是一件让人放松身心、开阔眼界的好事,请不要因为一点蝇头小利而扭曲消解了旅游的意义,让一个城市的盛名毁于一旦。

四、亟待缓解的医患关系

(一)新闻回顾

2020年1月20日下午,北京朝阳医院眼科发生暴力伤医事件,患者崔振国因其眼睛治疗效果未达其预期,对朝阳医院的陶勇等诊治医生心生怨恨,伺机报复。事件中共有三名医护人员被砍伤,另有一位患者受伤。其中陶勇医生受伤最为严重,其左手骨折、神经肌肉血管断裂、颅脑外伤、枕骨骨折,两周后才得以脱离生命危险。

2019年12月24日6时许,北京民航总医院急诊科杨文副主任医师在正常诊疗中,遭到一位患者家属孙某的恶性伤害,颈部严重损伤,虽然经过长时间抢救,但终因伤势过重,于2019年12月25日0时50分不幸去世。

2016年10月3日上午,山东莱芜钢铁集团有限公司医院李宝华医生在工作中被人用刀袭击,抢救无效死亡。据山东卫视报道,李宝华医生当时身中15刀,头部12刀。在砍完人后,行凶者陈某曾一度阻止医院抢救李宝华医生。

(二)评述纲要

评述维度	关键句
现状	医患关系日益紧张,医疗纠纷日益增加。
原因	医生不说,患者不解,误解加深。
	媒体的过度渲染使医患关系更加紧张。
解决	完善医保体制。
	医生和患者双方加强沟通和理解。
	媒体发挥正确的舆论引导作用。

(三)评述范文

"生老病死"是每一个人必经的过程,而医院作为保障人们健康的重要机构,是社会不可或缺的一部分。如今,医患关系日趋紧张,医疗纠纷日益增加,一方面经常有病人投诉、殴打医务人员的事件发生,另一方面医务人员又有满腹的委屈和抱怨。若想妥善地处理病人投诉和医疗纠纷,卫生行政部门、院方和相关医务人员必须加入和解,无疑要耗费大量的时间和精力。若问题得不到解决,医患间的紧张关系不仅会影响到患者及家属的心理状态,也会干扰医疗单位的正常工作秩序,加重医疗管理部门的工作压力和医务人员的心理压力,影响和谐社会的构建。

缓解紧张的医患关系,首先需要双方的共同努力。因为医疗纠纷以及医疗事故的增加,大家对医生少了些信任。我们无须把医生"神化",也不要将其"恶魔化"。很多患者对医学知识一知半解,维权意识却又异常强烈,以为医学万能,进了医院就进了保险箱,生命健康有绝对保障。患者需要给予医生更多的理解,因为医生只是一个为大家提供医疗服务的专业人员,也有自身的烦恼、愤懑和无奈,在巨大的工作压力下,面对众多未知与不可控因素,难免有时做不到微笑相向。医生也应该理解病人就医时焦急的心情,因为医生的一句无心之言,往往会给病人及其家属带来强烈的冲击和影响。因此,双向的沟通和理解能够缓解紧张的医患关系。

其次,新闻媒体要对医疗纠纷与冲突进行客观的报道与评论。新闻媒体有时倾向于患者群体,愿意对医疗纠纷和事故进行报道,这其实不利于缓解医患纠纷。不可否认的是,媒体关注医疗纠纷等不良事件,确实为提高医疗服务质量起到了正面积极的作用,但同时又降低了患者对医院的信任度。不利于构建和谐的医患关系。

最后,政府加大对公共卫生事业的投入,合理配置卫生资源,加大财政对医疗保障体系的投入也是缓解医疗纠纷的关键举措。如有需要,也可以合理分散医疗保险,减轻医疗机构、医务人员、患者的实际负担。

当医者感慨工作环境恶化、医闹现象频发时,善意的沟通和彼此的理解,是缓解医患关系的良药。我们固然期待药到病除、妙手解痛楚,但我们更希望,即便是面对重病的侵袭和命运的不可抗,白衣天使们仍然能保持热情和温和,带领我们对抗病魔。

五、火锅店宴请环卫工人吃火锅

(一)新闻回顾

2014年12月4日中午,成都虽然有点寒冷,但紫竹街一家火锅店内却热火朝天。老板闭门谢客,备上好酒好菜只为招待辖区内的180多名环卫工人,让他们免费吃喝,"想吃什么菜都可以随便吃,要喝酒也行"。席间,服务员还与环卫工人同跳"最炫民族风"。

(二)评述纲要

评述维度	关键句
老板	此举显示了人文关怀,勇敢而温暖。
劳动者	为城市奉献,应受尊重。
社会	需要提高城市环卫工人的待遇。

(三)评述范文

当前,环卫工人的生存状态堪忧,就在各地先后上演环卫工人交通事故的悲剧之时,成都火锅店老板宴请环卫工人的新闻让人们感受到社会的温暖。

首先,在这个做点好事就容易被质疑为"作秀"的时代,该火锅店老板的做法无疑是勇敢而温暖的。如果说这家火锅店老板的行为是"作秀",那也值得肯定,因为这确实给环卫工人带来了福利。火锅店老板出于企业社会责任的考虑,请很少吃火锅的环卫工人吃一次火锅,这既是纯粹的爱心关照,也是企业自觉承担社会责任的表现。其实社会各界都能不同程度地给予环卫工人尊重,比如,送环卫工人一个微笑、一句问候、一杯热茶,为其提供一个躲风避雨的场所,不乱扔果皮纸屑等,都能彰显人文关怀。

其次,这一行为也是在感恩为城市奉献的人,是对劳动者的尊重和感谢。一直以来,环卫工人因为负责街道卫生的清洁而被称为"马路天使""城市美容师"。这些美誉出自人们对环卫工人的感恩,但感恩之情不应仅仅停留在口头上。火锅店老板用实际行动让环卫工人感到自己平日所干的活都是有意义的。由于道路车流量和人流量大,清扫工作并不轻松,环卫工人常常只能蹲在路边休息,然而火锅店老板愿意将自己的店作为环卫工人的休息室,这让他们打从心底觉得自己的工作被尊重,并且是发自内心的尊重。

最后,这一行为也反映出城市环卫工人的待遇需要提高。来自社会组织的调查显示,近七成环卫工人的年龄在40岁以上,超九成的环卫工人实发工资在2000元以下,54.7%的环卫工人表示"没有听说过工会",环卫工人平均从事环卫行业的时间约为8.48年,工作环境恶劣,中暑、肌肉长期酸痛等职业遗留症十分普遍。而且,环卫工人的安全保障问题同样值得我们关注,环卫工人清扫的垃圾有很大一部分和交通参与者不文明的举动有关,除了日常垃圾的清扫,他们还受到车窗抛物的困扰。广州对环卫工人所做的一个调查显示,61%的环卫工人认为他们的工作缺乏安全保障。政府在对环卫工人的基本生活保障和安全保障上仍可有更多的作为。比如,合理合法地提高环卫工人的工资水平,并且,环卫工人的工资水平应该参考社会最低工资水平制定,如此才能体现环卫工人的劳动价值和社会价值。

火锅店老板请环卫工人免费吃饭是对这个职业的尊重,环卫工人需要的是社会对他们生活的保障、对他们工作的认可、对他们认真劳动的肯定以及对他们存在价值的公正评价。今后,比起继续被请吃火锅,如果环卫工人能吃得起更多的火锅,也许也是一大进步。

六、文明出境游

(一)新闻回顾

2014年12月12日,两南京游客在飞机上向空姐撒泼,除向空乘人员泼热水外,还要横大嚷"跳飞机"。结果导致曼谷飞南京的航班飞了一半又返回曼谷。最后,泰国警方登机将两人带走。涉事的4名游客缴纳50,500泰铢的罚款后,江苏省旅游局拟将此事纳入4名游客的个人信用不良记录。该旅游团领队熊某则被暂扣领队证一年作为处罚,所在旅行社被全行业通报批评并责令整改。

(二)评述纲要

评述维度	关键句
游客意识	应时刻尊重当地风俗习惯及法律法规,文明出游。
社会舆论	切勿随意地与"国家形象"挂钩。
行业责任	旅游行业人员的责任意识需要提高。

(三)评述范文

如今,我国已经成为世界第一大出境旅游客源市场与第一大出境旅游消费国。然而,为何"排队插队""大声喧哗""随地吐痰"等不文明行为屡屡发生?

一方面,不文明出境游反映的是游客规则意识的缺乏,这是不文明行为背后的根本原因。机闹的涉事人员因为协调座位、要开水被拒,便"任性"起来,甚至做出种种触碰法律底线的事情,这无疑与其个人素质有关,他们并没意识到自己在享受权利的同时也要履行义务,更没有事先了解航空公司的相关规定。如果涉事者事先了解亚航不为廉价机票购买者提供免费热水已成惯例,官网机票预订页面也标明餐饮需要额外付费,情况会不会有所不同?游客在走出国门旅游的时候,也应意识到自己作为一个其他国家的公民,应时刻尊重当地风俗习惯及法律法规,文明出境游。

另一方面,切勿将这些不文明的现象,随意地与"国家形象"挂钩。机闹事件在微博上被公布后,尽管彼时事实不清,信源也只是网友曝光的微信记录和几张截图,但由于涵盖了"中国游客""国外闹事"两个要素,引发了涉及"国民素质""国家形象"的讨论。从新闻后的跟帖评论中,能看到一种"哀其不争"的浓浓愤懑。但过度自尊,觉得国人在国外做错了任何事情都是"让自己没有面子",或者以国家之名疯狂呵斥,都并不能从实质上解决问题。与其指责他人，不如提醒大家在出行时要了解当地的文化、历史和风俗习惯，文明出境游。

对乘客大闹亚航的不文明行为进行讨论是必要的，但领队、旅行社、国家相关部门的人员对待此事的做法也值得关注，相关行业人员的责任意识需要提高。显然，该事件中的领队并未尽到自己的职责，为何在事情发生的时候，并没有出来制止两位游客的行为？旅行社在招聘领队的时候，有没有考虑其个人素质和责任意识呢？

每个人都有可能出国旅游，在旅行途中不可只重物质享受而轻精神修炼。良好文明习惯的养成需要循序渐进，身体在路上，心灵更要在路上。

七、美联航强行拖拽乘客下飞机

（一）新闻回顾

当地时间2017年4月9日，美国芝加哥奥黑尔国际机场，1名年近七十的亚裔男性乘客满脸鲜血地被3名工作人员从即将起飞的美联航（United Airlines）3411航班强行拖出。这名乘客已经预付了机票钱并预定了座位，但在登机后因为航空公司超额售卖机票，告知被"抽中"，需要"非自愿"改签，乘客拒绝改签后，被"强制带离"。

（二）评述纲要

评述维度	关键句
社会	针对地方、种族、性别等的歧视依然大量存在。
企业	行业服务意识的缺失急需得到重视。
个人	摒弃看客心理，勇于发声维权。

（三）评述范文

美联航强行拖拽乘客下飞机这起事件发生后，网上有许多质疑美联航"随机选取"亚裔乘客改签是否涉及种族歧视的评论。这到底是不是歧视，我们不能妄下论断。但是，为什么我们的第一反应就是美联航工作人员歧视亚裔？这个问题值得讨论。

首先，针对地方、种族、性别的歧视依然大量存在于社会中。在国外求学的留学生时常遭到不公待遇，国内也有诸如"女人就应该在家相夫教子"等"标签化"的歧视……身处多元化的世界，我们应该尊重每一个人的选择，接受每个生命的不同，用不带偏见的心去看待这个世界。

其次，行业服务意识缺失的问题急需得到重视。服务业的从业门槛较低，这带来的直接后果就是部分从业人员缺乏服务意识。按理说，即使航班超售是业内的"潜规则"，也应在乘客更换登机牌时就告知其需要改签，而非在乘客登上飞机后再通知。在这样的情况下，乘客拒绝改签无可厚非，那么航空公司首要的是提高补偿来换取乘客自愿改签，而非选用"随机抽取"这样半强迫式的办法改签，更不能强行将乘客拖下飞机。在事实已经确凿后，美联航依然缺乏认错的态度，先后甩锅，直到股票狂跌、舆论一边倒时才勉强处理此事。美联航的服务理念、服务流程、服务态度都出现了严重的问题。

最后，对于个人而言，要摒弃看客心理，勇于发声维权。许多人在看到他人遭遇不公正待遇时往往选择袖手旁观，不时还要冷嘲热讽。在一片支持该男子维权的呼声下，也有不一样的声音，比如有网友就认为"不是中国人有什么好生气的""苍蝇不叮无缝的蛋"。这样的看客心理依然根植于很多人的心中。如果大家都是沉默的，就没有人向白宫发出请愿书，此事就得不到航空公司甚至政府的注意。最后，这件事情也许会悄无声息地消失在大众视野中，也许还会有更多的无辜人士遭遇暴行。

综上所述，美联航的错误已经盖棺定论，而新闻的延伸却更加令我们深思。不惹事，不怕事，勇敢维护自己的权利是非常重要的。

第三节　相关练习 >>>

本部分的练习采取播音主持即兴评述常用的五段论的模式：第一段为总起段落，第五段为总结段落，中间三段为论点段落。因为即兴评述为口语表达，稍纵即逝，在考试中如果不能概括出每段的关键句，就容易让听众觉得没有条理、难以理解，所以在第二、三、四段中，第一句最好是直接表达自己观点的关键句。

大家可以在书中直接填入自己的主要观点，但不建议在文字稿件中写入太详细的内容，因为这样可能会让自己被文字所束缚，变成背诵文字内容，而不是遵循从思想到语言的口语表达模式。具体内容和结构都应该由同学们自己完成，观点主题可以多元，逻辑结构可以多样，但要满足评述要求：观点明确、结构清晰、内容充实、论证有力、语言流畅。

一、如何看待马拉松热

2017年，全国共举办马拉松及相关运动赛事（路跑赛事800人以上规模，越野跑赛事300人以上规模）1102场，几乎是2016年的三倍。相比于2011年仅为22场的赛事场次,这一数字在 7 年间翻了 50 倍,呈井喷式增长。

第一段:内容叙述+评述主题　马拉松热现象的背后有复杂的社会现实原因,我认为可以从主办方、赞助商和参与者三个方面来考虑。

第二段:关键句　马拉松比赛对于一个城市的形象具有提升作用。论据(马拉松比赛本身给人健康向上的印象,主办城市多为相对发达、市容较好的城市)。

第三段:关键句　马拉松比赛能对赞助商的品牌起到很好的推广作用。论据(体育产业的发展、马拉松的健康积极理念、比赛的关注度)。

第四段:关键句　现代人越来越注重健康与活力,参与马拉松既对自己的身体有好处,又能展现自己健康向上的形象。论据(参与人数、"边跑边秀")。

第五段:总结句　马拉松比赛在中国的蓬勃发展有着多方面的原因,这股热潮还将持续,这对于城市形象、商业推广和民众健康都有益处,但也要注意比赛时应尽量避免对普通民众的生活造成干扰,同时做好参赛人员的安全保障,推动这项运动在中国的发展。

二、如何看待看病难问题

第一段:内容叙述+评述主题＿＿。

第二段:关键句＿＿＿＿＿＿＿＿＿＿＿＿＿＿＿＿＿＿＿＿＿＿＿＿＿＿＿＿＿＿＿＿＿。
论据(　　　　　　　　　　　　　　　　　　　　　　　　　　　　　　　　)。

第三段:关键句＿＿＿＿＿＿＿＿＿＿＿＿＿＿＿＿＿＿＿＿＿＿＿＿＿＿＿＿＿＿＿＿＿。
论据(　　　　　　　　　　　　　　　　　　　　　　　　　　　　　　　　)。

第四段:关键句＿＿＿＿＿＿＿＿＿＿＿＿＿＿＿＿＿＿＿＿＿＿＿＿＿＿＿＿＿＿＿＿＿。
论据(　　　　　　　　　　　　　　　　　　　　　　　　　　　　　　　　)。

第五段:总结句＿＿＿。

三、如何看待"房子是用来住的,不是用来炒的"

第一段:内容叙述+评述主题＿＿＿＿＿＿＿＿＿＿＿＿＿＿＿＿＿＿＿＿＿＿＿。

第二段:关键句＿＿＿＿＿＿＿＿＿＿＿＿＿＿＿＿＿＿＿＿＿＿＿＿＿＿＿＿＿＿＿＿＿。
论据(　　　　　　　　　　　　　　　　　　　　　　　　　　　　　　　　)。

第三段:关键句＿＿＿＿＿＿＿＿＿＿＿＿＿＿＿＿＿＿＿＿＿＿＿＿＿＿＿＿＿＿＿＿＿

论据(　　　　　　　　　　　　　　　　　　　　　　　　　　　　　　　　　　　)。

　　第四段:关键句_____。

论据(　　　　　　　　　　　　　　　　　　　　　　　　　　　　　　　　　　　)。

　　第五段:总结句_____
_____。

四、如何看待滴滴顺风车下架

　　第一段:内容叙述+评述主题_____。

　　第二段:关键句_____。

论据(　　　　　　　　　　　　　　　　　　　　　　　　　　　　　　　　　　　)。

　　第三段:关键句_____。

论据(　　　　　　　　　　　　　　　　　　　　　　　　　　　　　　　　　　　)。

　　第四段:关键句_____。

论据(　　　　　　　　　　　　　　　　　　　　　　　　　　　　　　　　　　　)。

　　第五段:总结句_____
_____。

五、如何看待996工作制

　　第一段:内容叙述+评述主题_____。

　　第二段:关键句_____。

论据(　　　　　　　　　　　　　　　　　　　　　　　　　　　　　　　　　　　)。

　　第三段:关键句_____。

论据(　　　　　　　　　　　　　　　　　　　　　　　　　　　　　　　　　　　)。

　　第四段:关键句_____。

论据(　　　　　　　　　　　　　　　　　　　　　　　　　　　　　　　　　　　)。

　　第五段:总结句_____
_____。

六、如何看待复兴号智能动车组上新

　　第一段:内容叙述+评述主题_____。

第二段:关键句_____。
论据(_____)。
第三段:关键句_____。
论据(_____)。
第四段:关键句_____。
论据(_____)。
第五段:总结句_____
_____。

七、如何看待跨省异地就医全国自动查询服务

第一段:内容叙述+评述主题_____。
第二段:关键句_____。
论据(_____)。
第三段:关键句_____。
论据(_____)。
第四段:关键句_____。
论据(_____)。
第五段:总结句_____
_____。

八、如何看待国家法定假日调休

第一段:内容叙述+评述主题_____。
第二段:关键句_____。
论据(_____)。
第三段:关键句_____。
论据(_____)。
第四段:关键句_____。
论据(_____)。
第五段:总结句_____
_____。

第四节 《新闻1+1》评析 >>>

出租车:互联网+改革!

背景:"互联网+"一直是各行各业热议探索的话题,通俗来说,"互联网+"就是"互联网+各个传统行业",但这并不是简单的两者相加,而是利用信息通信技术以及互联网平台,让互联网与传统行业进行深度融合,创造新的发展生态。几十年来,"互联网+"已经改造影响了多个行业,当前大众耳熟能详的电子商务、在线旅游、在线影视、在线房产等都是"互联网+"的杰作。

《新闻1+1》于2015年5月28日播出的节目选取了近几年才兴起的互联网专车行业,揭露新兴专车与传统出租车间存在的矛盾与冲突,借此讨论政府应如何引导未来的出租车市场、专车发展方向。这种思考方式也可以运用到其他传统事物与新兴事物的矛盾协调中。

板块	主题	内容	评析
一、提出问题:面对多起出租车抵制专车事件,如何解决传统出租车行业与互联网专车服务之间的问题?如何协调新生事物和传统事物之间的矛盾?	1.对新闻的来龙去脉进行详细描述(包括个案、全国类似事件、发生原因及形式)	2015年5月27日,河南郑州一辆滴滴专车被百名出租车司机围堵砸车,专车被砸得面目全非。 这样的事情最近在全国多座城市均有发生。2015年5月以来,全国各地已有16个城市出现抵制专车事件。	开场用图片说新闻,形象具体,既有吸引力,又让新闻变得直观。 运用联系思维,将不同的新闻事件联系在一起,发现其中的共性,此处小事件与大背景产生联系暴露了专车和出租车之间的矛盾。
		原因:出租车司机对专车抢占其市场不满。	运用提炼思维,精辟并恰如其分地反映其共性。
		形式:有的出租车司机围堵专车软件办事处,有的出租车司机通过停运方式声讨专车。	
		提示:漂亮的开头可以迅速征服受众,因此在评论开头可以采取丰富的形式,如图片说明、讲述故事、提出疑问、情景带入等。	
	2.在抵制中各地政府所采取的措施	2015年4月30日,Uber广州办公室被多部门联合查处;5月6日,Uber成都办公室被查封;5月21日,北京也出动百人执法队夜查"专车"。	到此处将新闻事件清晰地梳理完毕,发生—原因—结果清晰呈现。

续表

板块	主题	内容	评析
二、分析问题：进一步讨论专车发展的原因及目前发展形势，并对消费者、互联网专车司机和出租车司机三方进行具体分析，发现其中的漏洞，进而想到解决办法	3.分析专车发展的原因及问题	(1)具有经济支撑。虽然被查处打击，但互联网专车企业仍投入大量资本。滴滴快车宣布投入10亿元推出"免费快车"。一个月时间内，全国12个城市的乘客可以在每周一享受两次15元的免单机会，而此举可谓再次掀起了"烧钱补贴"大战。 (2)具有广阔的市场，具备刚性需求。目前，人们打车难，出租车数量满足不了出行需求。	从"供求"角度切入可广泛用于分析经济类问题的发展原因。 此处，互联网专车企业投入资本体现为供应，而广阔的市场则反映需求。
		随着专车的发展，问题也逐渐出现：出行是否安全，司机是否有资质，车辆是不是有保险。	运用逆向思维，培养问题意识。
	4.数据图表对比分析显示专车对传统出租车的冲击	(1)全国出租车一天的接单量为6000万单，全国出租车司机人数为260万人。 (2)2015年5月25日某打车软件仅12个城市的一天接单量为200万单，某打车软件司机人数为40万人。	数据图表是非常好的论据，可以丰富评论内容、支撑评论观点。 但在分析数据图表时也一定要解释清楚背后的含义，才能使材料发挥它的价值。
		解析：两组数字看上去相差甚远，但第一组数据涵盖了全国661个城市，第二组仅为12个城市，且仅为一个打车软件的数据。	
	5.对涉事三方的利益进行分析	(1)消费者：受益者，能提高消费质量，有补贴。 (2)互联网专车司机：受益者，有补贴，有目标方向，不用交份子钱和杂费，只须交燃油费。 (3)出租车司机：利益受损者，须上缴费用，有门槛设置(从业资格证、三年驾龄以上)，辛苦，面对竞争产生不满。	采用了不同主体切入法。这种分析方法可运用到多种题材中，但须注意主体选择要全面不重复，还要理清彼此的逻辑关系。 分主体分析的形式可以让人们更好地理解各主体行为的产生原因。

续表

板块	主题	内容	评析
三、解决问题:这是一个考验智慧型政府的时刻,既要正确看待"互联网+"时代下的新兴事物,又要对传统事物进行改革	6.各地政府的不同解决方式(三种态度)	(1)有的在打击:2015年1月6日,北京市交通执法队在首都机场查处了3辆专车,它们全部为私家车。此外,在济南、沈阳、南昌、杭州等地,专车车主被查扣、公司被约谈的消息陆续爆出。原因:这些通过互联网叫车软件进行运营的社会车辆是非法的,和"黑车"并无区别。 (2)有的边打击边出台新的办法:2015年5月18日,上海市交通委召开发布会,宣布将与滴滴打车合作,打造统一信息平台,并于6月1日正式上线运营,这也被视作上海主管部门与互联网企业迈出融合发展的第一步。 (3)有的还在观望和思考:2015年1月25日,合肥市交通委主任周正宇透露,合肥市也正在加紧研究合法出租专车的运行办法。	
	7.政府应该如何做	(1)把握机遇,站在更高的角度上看待新兴的产业,应该鼓励、促进新的事物,而不是去阻挠它。 (2)做好监管,做到趋利避害。如监管专车司机的资质是否合格,如果出现问题,商业保险够不够等。 (3)对受到新兴事物冲击的传统行业进行改革。2015年5月7日,浙江省义乌市出台《出租汽车改革运行方案》。 ①放开出租汽车数量管控,鼓励专车等多种经营模式,对出租汽车数量实行市场化配置。 ②取消由政府收取的出租车营运权使用费。2015年的营运权使用费,从原先的每车每年一万元降低到五千元,过去几个月多收的部分将退回,2016年起全部取消。	协调传统事物与新兴事物的矛盾,自然从两方面着手:一方面要保护和发展新兴事物,使其日趋完善;另一方面要改革传统事物,使其顺应社会发展。 在考虑解决问题时,应顾全两方,才能使整体更加完善。
四、设想:出租汽车行业会不会被互联网的这种打车模式彻底取代?		专车服务本来就是中高档的服务,出租车服务是中低档的服务,各有各的活法,各有各的空间,为什么现在出现界限模糊的问题?因为现在各种补贴太多,市场还不透明,属于跑马圈地的时候,所以现在下定论可能还为时尚早。	通过对未来的一种设想,引出专车与出租车的本质区别。 此处为文眼,是关键之处。

续表

板块	主题	内容	评析
五、结束语		打个比方,脚大了,鞋自然就会显小了,那在这种情况下,是削足适履,还是换一个角度,来为这个脚做相应的新鞋? 当然,互联网打车行业在不断地发展当中,还要不断地进行规范,因为安全始终是最重要的。	结尾总结简短精练,不宜再长篇大论。运用修辞让总结变得生动形象,不失为一种好办法。

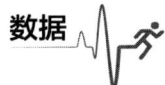

数据

1. 滴滴快的集团总裁柳青首次透露,该平台下的专车司机已有 40 万人,而 2015 年年底这一数字突破 100 万。

2. 统计数据显示,在全国每天 4.5 亿人的出行需求中,有 3000 万—5000 万人是出租车和专车的用户,有 1.5 亿人是自驾车主,有将近 2 亿人选择公共交通出行。

经典语录

1. 从 2012 年打车软件出现开始,两年多时间里,一方面,各种打车软件风生水起;另一方面,新生力量的快速发展,也给一些地方政府的管理带来了挑战。

2. 现在快车也好,专车也好,司机的主要收入不是来源于收费,更多来源于商业补贴。等将来没有这些补贴的时候,才是市场回归冷静的时候。到那个时候,各有各的空间。

3. 打个比方,脚大了,鞋自然就会显小了,那在这种情况下,是削足适履,还是说换一个角度,来为这个脚做相应的新鞋?

第二章　互联网话题

互联网话题指的是与互联网相关的话题,包括在互联网上出现的一些新的现象或事件、互联网与现实所产生的冲突和交融、互联网规制等。近年来,随着互联网的深入发展和移动互联网的崛起,互联网深度嵌入了民众的生活当中,与之相关的话题常常会成为社会热点,引发民众的广泛讨论。

关注度:★★★★☆

	分类	具体事例
互联网话题	网络现象	"双十一"购物节、年度网络热词、冰桶挑战、微笑挑战
	网络与现实	"互联网+"、打车软件、微信"朋友圈"、低头族、青少年上网、网络公开课、微信电商、微信红包
	网络规制	人肉搜索、网络谣言、不雅事件

第一节　解题方法 >>>

解题方法:利弊分析法。

利弊分析法就是分析一件事情或者现象带来的好的影响和不好的影响,这是一种简单实用的方法,适用于评述一些有争议的事件或现象。对于互联网中出现的新事物和新现象,往往存在着不同的声音,单一的事件往往会造成相对矛盾的结果。因此,我们可以用利弊分析法来对网络中的很多问题进行评述。

利弊分析法的层次非常分明,通常会分为四个段落。总起段之后,分成相互对立统一的两个段落,一段谈正面的影响,一段谈负面的影响,最后一段进行总结。但需要注意的是,使用该方法进行分析往往容易流于表面,难以对话题进行深入剖析。我们运用利弊分析法时,应尽量让陈述形成一定的逻辑,这就涉及与其他方法的套用,如利弊分析法套用不同主体切入法:网络是一个开放的平台,在给人们带来生活上的便捷的同时,也可能带来困扰,如消息的准确性无法得到保障,可能导致侵权,可能存在以网络舆论监督之名行非法牟利之实等问题,如此便可以从不同利益主体来切入,从监管部门、造谣者和网民三个角度来分析具体原因,以便处理好网络舆论监督与名誉权等个人权益之间的冲突与平衡的关系。

在分析利弊之后,评述者可以提出自己的观点及理由:究竟是利大于弊还是弊大于利?为什么?也可以用几句话说说该怎么办。但是,评述的最后一段不宜过长,三五句话即可,起到画龙点睛的作用。

本章案例分析中的例一和例二即采用利弊分析法解题。

第二节 案例分析 >>>

一、小学生打"王者荣耀"

(一)新闻回顾

据报道,杭州市余杭区有一名三年级的小学生因为沉迷《王者荣耀》游戏而被父母限制游戏,愤怒地写下了九个玩《王者荣耀》的理由,其中"不可能两亿人都乱来!""既然这么火就不可能差!"两个理由更是让人哭笑不得。

(二)评述纲要

评述维度	关键句
利	1. 打游戏是童年应有的乐趣。 2. 打游戏锻炼孩子的反应、逻辑能力,有利于开发智力。 3. 打游戏可以增强孩子的社交能力。
弊	1. 沉迷网络可能会导致荒废学业,甚至对整个家庭产生负面影响。 2. 对孩子的身体发育也有负面影响。 3. 孩子的辨别能力不强,游戏内容可能会误导孩子。

(三) 评述范文

2015年,《王者荣耀》横空出世,随即风靡全网,大家不论职业、不分年纪,纷纷加入打《王者荣耀》的阵营。而小学生们在其中也占有很大的比例,引起的争论也是最多的,我们要从两个方面客观地看待这种现象。

一方面,打游戏并非如很多父母口中所说的那样百害而无一利,客观来说,打游戏对孩子的发育还是有一定好处的。首先,小学生正处于童年,而童年本就应该是无忧无虑、快乐自在的,这时都不让孩子们玩游戏,那要等到什么时候呢?其次,这种需要手脑配合操作的益智游戏可以锻炼孩子的反应和逻辑等能力,这对孩子的智力发育是很有好处的。加拿大的一项研究显示,适当玩游戏能促进大脑执行中枢的发育,能更好地调控情绪、增强执行力。最后,打游戏还能促进社交能力的提高,小学生在打游戏的同时还能交到很多朋友,这在无形中也培养了他们的社交能力。

另一方面,沉迷游戏的确足以毁掉孩子的学业甚至是整个家庭。首先,对于心智发育还不成熟的小学生而言,他们做事会依据天性,而这类网络游戏富有趣味性和刺激性,有些孩子会沉迷其中,从而对其他活动失去兴趣,甚至借此逃避现实。其次,这类网络游戏不仅在精神上对孩子有麻痹作用,而且对孩子的身体也会产生危害。小学生的身体还没发育好,长时间对着电脑,对视力的影响很大;长时间窝坐在电子屏幕前,对脊椎的发育也不好。最后,《王者荣耀》这种游戏在游戏内容上也可能误导孩子。比如,在游戏中荆轲是女性,诗仙李白是刺客,名医扁鹊是用毒高手……这类设定容易让小学生产生认知偏差。除此之外,游戏中暴力血腥的情节,也会对小学生产生错误的引导。

总之,游戏是一把双刃剑,它可以使孩子们获得快乐,也能使人荒废学业,关键是要注意把握玩游戏的"度"。家长、游戏开发商和社会需要共同努力采取多种措施,让孩子既能从中获得精神的愉悦和思想的启迪,又不至于陷入沉迷的深渊。

二、网络流行语

(一) 新闻回顾

你上网会看什么?广大网民们的娱乐精神十足,各种网络热词以一年更胜一年的趋势强势而来。去年的一些"老梗"已经过时,而且今年的"新梗"更是出人意料。比如,2020年频频出现的网络热词有"打工人""凡尔赛文学""云监工""奥利给"……

(二)评述纲要

评述维度	关键句
利	1. 网络流行语可以丰富我们的表达方式。 2. 网络流行语也极大丰富了现代汉语的词汇。
弊	1. 网络流行语中的粗俗脏话给人带来不适。 2. 网络流行语影响学生的语文学习。 3. 网络流行语可能会加深"代沟"。

(三)评述范文

随着网络技术的发展与普及,不论影响好坏,网络文化的出现已成必然。那么,网络流行语究竟会给我们带来哪些影响呢?其实这种影响是双面的。

一方面,我们对网络流行语应该抱有肯定的态度,既然网络流行语应运而生,我们就不能否定它,更不可能消灭它。首先,网络流行语可以丰富我们的表达方式。比如"葛优躺"这个词,大家应该都很熟悉,联想到葛优老师在《我爱我家》中歪歪斜斜瘫坐在沙发上的那张剧照,立马让人产生画面感。这样有趣生动的表达形式比硬邦邦、冷冰冰的书面用语更容易让人接受。其次,网络流行语也极大丰富了现代汉语的词汇。在网络世界中,生硬的书面用语总是显得格格不入,也正因如此,网民们才会"自主研发"了那么多有趣的网络用语。当这些网络用语被反复使用成为流行语时,我们也会不自觉地将其带入我们的现实生活。《新闻联播》就曾借用当下的网络流行语"厉害了我的哥"制作播出了"厉害了我的国"系列节目。

但另一方面,网络流行语给我们带来的负面影响也是不可小觑的。其中,网络流行语给孩子们带来的负面影响最令人忧心。首先,在网络流行语中存在不少粗俗的脏话,这些话不仅会给网民带来不适,更严重的是,会对喜欢上网的孩子产生负面影响。其次,网络流行语对孩子们学习语文也会造成一定的负面影响,像"酱紫""好滴""无聊ing"这些词都违反了造词规律和语法规则。对于没有接受规范语言教育的孩子们来说,过早接触这些不规范的语言表达是没有好处的。最后,把网络流行语过多带入生活会加深"代沟",试想,一个满口网络流行语的孩子如何跟家里的爷爷奶奶沟通?爷爷奶奶们接受新事物的能力远不及现在的年轻人,所以过多使用网络流行语还可能影响家庭关系。

词汇是语言表达中最重要的元素,词汇的丰富、发展也体现了社会的进步,所以我们要肯定网络流行语的正面作用,也要正视网络流行语的负面影响。针对网络流行语的负面影响,我们需要好好研究,并提出具体可操作的规范方案。

三、"双十一"购物节

(一)新闻回顾

2020 年天猫"双十一"再创新纪录,从 2020 年 11 月 1 日 0 点至 11 月 11 日 24 点,2020 年天猫"双十一"最终总成交额达 4982 亿元。淘宝直播半天就诞生了 28 个成交超 1 亿元的直播间。

2020 年天猫"双十一"全国省(直辖市、自治区)购买力排名前五分别是:广东、浙江、江苏、山东、上海;全国城市购买力排名前五分别是:上海、北京、杭州、深圳、广州。

国内电商专业消费调解平台对于历年用户投诉情况的统计显示,"双十一"等电商大促后容易出现消费者爆发式投诉的情况,问题集中表现为:先涨后降、虚假宣传、定金不退、发货迟缓、退换货受限、信息泄露和快递延误等。

(二)评述纲要

评述维度	关键句
消费者	理性消费,注重产品的质量与实用性,勿贪图便宜。
监督者	监督卖家经营行为,打击恶性竞争。
经营者	积极创新,实现线上线下融合。

(三)评述范文

11 月 11 日这一天,被人戏称为"光棍节",但在 2009 年时,它被赋予了新名字"双十一"购物节。2020 年,天猫"双十一"成交额达 4982 亿元,再次创下新高。在疯狂消费之后,我们有必要对"双十一"购物节出现的问题进行冷静思考。

首先,消费者要明白,追求物品的实用性和质量才是理性的、正确的消费行为。在"双十一"这个购物狂欢节,人们买东西从满足需要变成了一味抢购,为了这一天,不少消费者一早就开始在网上挑选商品,将商品提前添加到购物车里。而"双十一"过后,有的消费者抱怨买了一大堆没用的东西,有的消费者表示部分商家会先涨价再打折,以此忽悠消费者。自从"双十一"被定为购物节后,在"双十一"买东西就好像是为了迎合节日气氛。在这样盛大的购物狂欢节期间,我们更应该把握住原则,避免冲动消费。

其次,监管部门如何在网购中保障消费者权益、打击卖家恶性竞争是目前急需解决的问题。这些问题非常影响消费者的购物体验,部分商家利用信息不对称进行欺诈,"先涨后降""上架存在缺陷的商品"都是他们恶性竞争的手段。针对这些问题,政府部门有责任加强对相关方面的监管,设立专门的电商监督举报部门,加大打假力度,减少商品质量问题,更好地维护消费者权益,让消费者能快乐购物。

最后,实体店商户也应该积极创新,实现线上线下的"融合",在购物节给消费者切实的优惠。实体店的购物体验无可替代,但这并不意味着实体店就要墨守成规。"双十一"并不只是电商的天下,实体店在"双十一"也可有所作为。因为对于广大消费者而言,好的用户体验更符合他们的需求,实体店可以满足不同客户对商品质量的各种要求。

实际上,经历过多个"双十一"购物节之后,人们已渐渐从追求商品价格转变为追求商品价值,电商企业更需要提高商品品质和服务水平,监管部门也要进行更为及时有效的监管。

四、网络暴力

(一)新闻回顾

人肉搜索第一案:2008年,北京一位女白领写下"死亡博客"后跳楼身亡,其博客日记中显示了丈夫的具体姓名、工作单位、地址等信息。在她的"死亡博客"下有大量网友留言,痛骂其丈夫王菲。

2013年12月2日,高中生琪琪(化名)到某服装店购物,店主怀疑她偷了东西,将她购物时的监控截图发到微博上,并称她是小偷。同日,琪琪所在学校、家庭住址均被曝光。12月3日,无法忍受压力的琪琪跳河身亡。法院以侮辱罪判处服装店店主有期徒刑一年。

2015年6月中旬,艺人袁姗姗在"TEDxNingbo"做了一场名为《在网络暴力中捍卫自己》的演讲,引发网友热议。谈到之前的被黑经历和"滚出娱乐圈"的话题,袁姗姗幽默自嘲:"你让我滚,我还偏不滚了。"

(二)评述纲要

评述维度	关键句
个人	为自己的言行负责。
平台	担负提醒和管理责任。
监管	出台相应条例法规,规范网络行为。

(三)评述范文

网络给了每人一个面具,所以人们有了畅所欲言的勇气与平台。也正因如此,人们越来越不懂得"人要为自己说出的话负责"这个简单的道理。网络暴力问题日益严峻,要想真正解决问题,不能只靠我们个人的力量,还需要多方的努力。

首先,我们要做到对自己说出的话、对自己的行为负责任。在网上,人们极易把自己的压力或负面情绪通过责骂他人的方式发泄出来,却不知类似的言论或行为在极大数目的叠加下,会给他人带来多大的伤害。作为网络使用者,保持言语礼貌和情绪冷静是对事件中人物最起码的尊重。在屏幕外的我们并不能知晓事件的全部真相,我们可以发表观点,但没有资格伤害他人。

其次,完善个人信息保护制度,也是减少网络暴力事件的主要途径。在常见的社交平台,如微博、贴吧等,许多私人信息都能被直接发到网上。早前,一个关于江西女中学生遭遇校园暴力的视频被疯狂转载,微博上满是对几名打人者的辱骂,到处都流传着她们的私人信息。网络管理方可以在人们发布信息时,有意地提醒人们发布私人信息的后果或是可能要承担的责任。

最后,也是最重要的,政府要重视网络暴力问题,出台相应条例法规,规范人们的网络行为。近年来,网络社交平台在中国的飞速发展是网络暴力愈发猖狂的原因之一,但这绝不是借口。中国有如此庞大的网民数量,政府更应该建立相关条例,或是拨出一定资金以保障群众的网络安全。此外,国家还可以对大型的网络社交平台进行硬性要求,如对过分辱骂他人者强行删号,社交平台账号实名制等。

现如今,我们的生活已经离不开网络,而诸如人肉搜索、群体辱骂等网络暴力问题也愈发严重。要解决此类问题,除了需要身为网民的我们随时保持冷静之外,还需要各网络管理端以及各地政府有所作为。多方共同努力,才能维护我们的网络绿地。

五、微信电商

（一）新闻回顾

IT 男王伦利用 QQ、微信、微博专做水果生意。如今，通过微信、微博的推广，王伦每月能销售近 1000 公斤水果。王伦并没有实体店，完全通过网络推广拉动身边的人进行团购。其水果店的经营模式是产地直供货源为主，市场采购为辅。水果店由 3 个人负责，他们各有分工：一个人负责做页面设计，在线上发布活动、产品信息；一个人专门做客服；另外一个人则跑产地看货源。

2015 年 11 月 13 日，湖南长沙市工商部门查处一起微信传销案。经调查，涉案公司在组织微信团队开展分层营销过程中，采取团队计酬方式销售公司产品，1000 多人卷入这一传销"朋友圈"，涉案金额达数百万元。目前，工商部门已要求这家公司立即停止违法行为，并对其处以 50 万元罚款。

（二）评述纲要

评述维度	关键句
社会	做好微商的监督工作，规范经营行为。
商家	诚信为本，珍惜朋友间的基本信任。
消费者	提升辨别能力，拒绝传销。

（三）评述范文

近几年，我国电子商务行业发展迅猛，产业规模迅速扩大，电子商务信息、交易和技术等服务企业不断涌现，微信、微博等社交媒体蓬勃发展，随之出现了一个新名词：微商。微商是基于移动互联网的空间，借助社交软件工具，以人为中心，以社交为纽带的新商业。

首先，从客观层面上讲，微商的出现的确是社会进步的体现，但我们也不能否认微商目前的发展还很不成熟，需要相关部门做好监督。微商的创业门槛低，网络传销往往会穿上"微商"的"马甲"，在你我的朋友圈里招摇过市。目前，国家还未制定出专门用于微商管理的行政法规，希望工商局及有关部门能早日规范微商营销模式，建立起约束机制，切莫让"朋友圈"变成"票圈"。

其次，基于朋友圈里的朋友关系，微商更应该以诚信立本，因为微信传销会伤害彼此的信任，破坏友谊。经常在微信朋友圈晒销售数量、晒用户好评、晒销售收入的人，有不少就是以发展代理为盈利模式的微信传销人员。所以，朋友圈的"店家们"更应该讲诚信。

最后，作为消费者的我们应该从自身做起，提高自己的辨别能力，除了避免冲动消费外，更重要的是不要被忽悠进传销的圈子里。消费者也应该提高自己的辨别能力，不要买"三无"产品，切莫急于赚钱而被商家打出的招代理的广告欺骗。另外，我们还应树立正确的消费观，要勤俭节约、适度消费，做一名理智的消费者。

总之，切莫让不法分子套上"微商"的马甲玷污我们的朋友圈，有关部门的管理水平有待提高，商家也应以诚信立本。

六、低头族

（一）新闻回顾

中国互联网信息中心最新发布的《中国互联网络发展状况统计报告》显示，截至 2020 年 12 月，我国网民规模达到 9.89 亿人，手机网民规模 9.86 亿人。在互联网信息爆炸的时代，手机让人们轻松获取海量信息，也让人们的工作、生活更加方便。

2021 年 5 月 6 日，重庆荣昌区小滩桥处，一男子在桥上玩手机落入桥下水中，因不会游泳，溺水身亡。目击者表示，男子走路时看手机分神，踩滑后落入桥下水中，导致不幸事件发生。

2020 年 10 月 17 日，安徽合肥地铁站内，一女生边下台阶边看手机，一不小心脚下踩空，摔下 20 多级台阶。由于脸部重撞地面受伤严重，无法起身。周围乘客急忙上前查看帮助，并报警救助。

随着智能手机的普及，原来"不触网"的老年人也被卷入了花花网络世界。聚会时，有的"银发族"刷起手中的"短视频神器"，谁叫也不理。《银发人群洞察报告》显示，老年人平均每天至少有 4 小时在使用互联网，有关数据在未来仍将呈上升趋势。

(二) 评述纲要

评述维度	关键句
技术发展	手机的普及给人们带来便利,也加剧了人们的手机依赖程度。
社会需求	移动互联网的各色内容填补了人们的碎片时间。
个人需求	满足自我实现需求和人际交往需求。

(三) 评述范文

"世界上最远的距离不是生与死,而是我们坐在一起,你却在低头玩手机。"现如今"手机依赖症"已经成为社会"流行病"。究竟是什么让你宁愿埋头紧盯手中小小的屏幕,却不愿抬头多看一眼身边的世界？我认为主要有以下几点原因。

首先,随着信息时代的到来,手机已经成为我们日常生活中必不可少的工具。但就目前的状况而言,人们依赖手机的程度已经远超我们对"工具"的依赖程度。现如今,在坐车、走路、吃饭、开会等生活、工作场景里,你总会看到人们低头对着手机。被手机"绑架"的人越来越多,忘带手机心烦意乱、半天没消息就感到不安、一遍遍地刷新信息……"手机成瘾"往往容易引发一些心理问题,如焦虑抑郁情绪、神经衰弱、失眠等。因此,让手机回归工具的功能,将技术对人的控制回归人对技术的使用,是低头族要做出的转变。

其次,在生活中,属于我们自己的"整块"时间越来越少,导致不少年轻人只能抓紧碎片时间,通过数字终端进行娱乐休闲。我们为了填充零碎的时间而接收信息、不停刷屏、时刻关注最新的动态、寻找与人交流的共同话题……可是如今无论是在朋友聚会上还是在和亲人团圆的饭桌上,大家一开始可能还很熟络,但慢慢就集体捧着手机低下了头。本来人们应该用碎片时间拿手机处理事务与放松,现在却让手机把生活"碎片化"了。手机逐渐使人们的情感疏远,低头族也使朋友和亲人无奈。因此,低头族必须意识到"人机关系"永远取代不了"人际关系"。

最后,手机中的社交网络使个人获得"自我实现"变得空前容易,也使个人通过社交工具构建人际关系网的目的更加容易实现。一方面,在公共场合低头玩手机从而让自己与周围的环境隔离,这种自我保护状态在当今普遍缺乏安全感的年轻人中很受欢迎。另一方面,当自我存在感在现实生活中很难得到满足的时候,社交网络却能使人轻易受到关注。人们在社交网络上发表个人观点、转发并评论、晒个人生活,能迅速得到别人的反馈。可是,心理学家认为,人们在社交生活中往往存在这样的倾向:显露正面的部分,隐藏负面的部分。这样也容易引起注意力不集中、强迫症等问题。比如,朋友圈里的照片分享可能带来由攀比而来的自卑感:"为什么别人的生活看起来那么富足而丰富?"因此,低头族不如把手机放到一边,学会欣赏身边的事物,专心致志做某件事情,这有利于摆脱手机的"绑架"。

毋庸置疑,低头族是高科技信息化的产物。手机技术本没有好坏,关键是我们如何使用它,使之服务于我们的生活,而不是让我们自己成为手机的奴隶。

七、微笑挑战

(一)新闻回顾

2014年11月27日是西方的感恩节,在朋友圈里,以"thanksgiving感谢有你"为主题的微笑挑战也火了。

2014年11月28日17时许,"一号立井"(李亚鹏)发布微博:"我接受黄磊女儿多多的挑战,让微笑传递下去,为唇腭裂儿童捐款……"使"微笑挑战"上升到公益层面。

继在社交圈流行了许久的"冰桶挑战"之后,微信中又兴起了一股"微笑挑战"的热潮。短短几天的时间,基于社交网络平台的强传播性,"微笑挑战"迅速攻占微信朋友圈。左边放上点你做挑战的人的照片,右边放上自己的照片。最后,点名10位好友继续接力。"微笑挑战"就是这么简单。

(二)评述纲要

评述维度	关键句
参与者	自我展示,满足情感连接需求。
组织方	旨在呼吁人们关注唇腭裂儿童。
社会	传递正能量,让朋友圈满是微笑。

(三)评述范文

作为熟人社交平台,微信朋友圈给自拍类活动提供了相对安全的环境。朋友圈流行的"微笑挑战"的主要形式是上传微笑自拍邀请好友接力。有人可能会问:"只是发一张自拍,究竟有什么意义?"

首先,从我们自身说起,朋友圈中的"微笑挑战"不仅能展示自我,还能满足情感连接需求。参与者能拍照展示自己,让伙伴知道自己的近况,联络情感,并辐射各个圈子。一个人的自拍是一个人的狂欢，一群人的交流可以形成群体性的狂欢。"微笑挑战"确实很符合人们维系社会关系的要求。有人觉得，如果不参与其中，似乎就脱离了这个圈子。但也有人一直对这种点名不敏感，认为这种活动没有实际意义。

其次，相对于微信朋友圈里的民间性、自发性和娱乐性活动，新浪微公益平台联合嫣然天使基金启动的"微笑挑战"似乎更加具有组织规模。这也是继"冰桶挑战"之后，再次运用点名规则在社交平台上推动的小额慈善募捐活动。由于李亚鹏接受多多挑战晒出微笑照片，嫣然天使基金也应邀参与了"微笑挑战"，并且让"为唇腭裂儿童微笑筹集医疗救助款的微公益项目"得到更多人的关注。这个纯大众娱乐性的活动被注入了公益的元素，并且取得了一定的效果：截至2014年11月29日中午，已经有1000多人在微博上为"和多多一起为唇腭裂儿童微笑"公益项目捐款，筹款总额超过9万元。可见，"微笑挑战"还成了公益的一种方式，门槛低，人人都能关注和参与。

最后，微笑本身是正能量的一种表现形式，所以"微笑挑战"就是一种特殊的传递正能量的方式。在西方感恩节当天，被"微笑挑战"刷屏的朋友不在少数，低头浅笑、哈哈大笑、抿嘴微笑……这些照片让人心情愉悦，传递着感恩与乐观的情绪。"微笑挑战"将人们心中压抑的情感释放，让我们体会到人和人之间的联系，同时满足一种健康的"自恋"。如果大家都在做同一件事，就会形成一个能量场，微笑是正能量，"微笑挑战"会扩大正能量场。正如雨果所说："有一种东西，比我们的面貌更像我们，那便是我们的表情；还有另外一种东西，比表情更像我们，那便是我们的微笑。"

"微笑挑战"渐渐地在朋友圈中淡去，但是微笑却可以一直传递下去。手机改变了生活，但终不能代替面对面的交流。人与人见面时一个久违的微笑，是什么挑战都不能替代的。

第三节 相关练习 >>>

一、如何看待微信红包

第一段：内容叙述 + 评述主题＿＿。

第二段：关键句＿＿＿＿＿＿＿＿＿＿＿＿＿＿＿＿＿＿＿＿＿＿＿＿＿＿＿＿＿＿＿。

论据（　　　　　　　　　　　　　　　　　　　　　　　　　　　　　　）。

第三段:关键句_____。
论据(_____)。
　　第四段:关键句_____。
论据(_____)。
　　　第五段:总结句_____
_____。

二、如何看待网络直播带货

　　第一段:内容叙述 + 评述主题_____
_____。
　　第二段:关键句_____。
论据(_____)。
　　第三段:关键句_____。
论据(_____)。
　　第四段:关键句_____。
论据(_____)。
　　　第五段:总结句_____
_____。

三、如何看待网络侵权行为

　　第一段:内容叙述 + 评述主题_____
_____。
　　第二段:关键句_____。
论据(_____)。
　　第三段:关键句_____。
论据(_____)。
　　第四段:关键句_____。
论据(_____)。
　　　第五段:总结句_____
_____。

四、如何看待网络公开课

第一段:内容叙述 + 评述主题_____
_____。
第二段:关键句_____。
论据(   )。
第三段:关键句_____。
论据(   )。
第四段:关键句_____。
论据(   )。
第五段:总结句_____
_____。

五、如何看待网络诈骗

第一段:内容叙述 + 评述主题_____
_____。
第二段:关键句_____。
论据(   )。
第三段:关键句_____。
论据(   )。
第四段:关键句_____。
论据(   )。
第五段:总结句_____
_____。

六、如何看待"吃播"

第一段:内容叙述 + 评述主题_____
_____。
第二段:关键句_____。
论据(   )。

　　　　第三段：关键句＿＿＿＿＿＿＿＿＿＿＿＿＿＿＿＿＿＿＿＿＿＿＿＿＿＿。

论据（＿＿＿＿＿＿＿＿＿＿＿＿＿＿＿＿＿＿＿＿＿＿＿＿＿＿＿＿＿＿＿）。

　　　　第四段：关键句＿＿＿＿＿＿＿＿＿＿＿＿＿＿＿＿＿＿＿＿＿＿＿＿＿＿。

论据（＿＿＿＿＿＿＿＿＿＿＿＿＿＿＿＿＿＿＿＿＿＿＿＿＿＿＿＿＿＿＿）。

　　　　第五段：总结句＿＿＿＿＿＿＿＿＿＿＿＿＿＿＿＿＿＿＿＿＿＿＿＿＿＿

＿＿＿＿＿＿＿＿＿＿＿＿＿＿＿＿＿＿＿＿＿＿＿＿＿＿＿＿＿＿＿＿＿＿＿＿。

七、如何看待线上博物馆

　　　　第一段：内容叙述＋评述主题＿＿＿＿＿＿＿＿＿＿＿＿＿＿＿＿

＿＿＿＿＿＿＿＿＿＿＿＿＿＿＿＿＿＿＿＿＿＿＿＿＿＿＿＿＿＿＿＿＿＿＿＿。

　　　　第二段：关键句＿＿＿＿＿＿＿＿＿＿＿＿＿＿＿＿＿＿＿＿＿＿＿＿＿＿。

论据（＿＿＿＿＿＿＿＿＿＿＿＿＿＿＿＿＿＿＿＿＿＿＿＿＿＿＿＿＿＿＿）。

　　　　第三段：关键句＿＿＿＿＿＿＿＿＿＿＿＿＿＿＿＿＿＿＿＿＿＿＿＿＿＿。

论据（＿＿＿＿＿＿＿＿＿＿＿＿＿＿＿＿＿＿＿＿＿＿＿＿＿＿＿＿＿＿＿）。

　　　　第四段：关键句＿＿＿＿＿＿＿＿＿＿＿＿＿＿＿＿＿＿＿＿＿＿＿＿＿＿。

论据（＿＿＿＿＿＿＿＿＿＿＿＿＿＿＿＿＿＿＿＿＿＿＿＿＿＿＿＿＿＿＿）。

　　　　第五段：总结句＿＿＿＿＿＿＿＿＿＿＿＿＿＿＿＿＿＿＿＿＿＿＿＿＿＿

＿＿＿＿＿＿＿＿＿＿＿＿＿＿＿＿＿＿＿＿＿＿＿＿＿＿＿＿＿＿＿＿＿＿＿＿。

八、如何看待远程办公

　　　　第一段：内容叙述＋评述主题＿＿＿＿＿＿＿＿＿＿＿＿＿＿＿＿

＿＿＿＿＿＿＿＿＿＿＿＿＿＿＿＿＿＿＿＿＿＿＿＿＿＿＿＿＿＿＿＿＿＿＿＿。

　　　　第二段：关键句＿＿＿＿＿＿＿＿＿＿＿＿＿＿＿＿＿＿＿＿＿＿＿＿＿＿。

论据（＿＿＿＿＿＿＿＿＿＿＿＿＿＿＿＿＿＿＿＿＿＿＿＿＿＿＿＿＿＿＿）。

　　　　第三段：关键句＿＿＿＿＿＿＿＿＿＿＿＿＿＿＿＿＿＿＿＿＿＿＿＿＿＿。

论据（＿＿＿＿＿＿＿＿＿＿＿＿＿＿＿＿＿＿＿＿＿＿＿＿＿＿＿＿＿＿＿）。

　　　　第四段：关键句＿＿＿＿＿＿＿＿＿＿＿＿＿＿＿＿＿＿＿＿＿＿＿＿＿＿。

论据（＿＿＿＿＿＿＿＿＿＿＿＿＿＿＿＿＿＿＿＿＿＿＿＿＿＿＿＿＿＿＿）。

　　　　第五段：总结句＿＿＿＿＿＿＿＿＿＿＿＿＿＿＿＿＿＿＿＿＿＿＿＿＿＿

＿＿＿＿＿＿＿＿＿＿＿＿＿＿＿＿＿＿＿＿＿＿＿＿＿＿＿＿＿＿＿＿＿＿＿＿。

第四节 《新闻1+1》评析 >>>

"双十一"网购靠手 快递靠走?

《新闻1+1》于2015年11月11日播出的节目选取了物流业的角度,从具体的新闻事件切入,以小角度反映大问题。

小角度:呼和浩特市限行电动三轮车给快递行业带来无"路"可走的困境。

大主题:"互联网+"背景下,政府如何顺势而为推动新兴行业发展,而不是阻碍其发展。

板块	主题	内容	评析
一、提出问题:快递配送所用的三轮车为非法车辆,部分地区禁止其上路,阻碍了电子商务的发展	1. 阐述快递车的定义	电动三轮车是没有相关标准、没有生产许可证、没有上牌照、无法归类的非法车辆,是用来解决最后一公里的快递配送的交通工具。	大家都见过快递电动三轮车,但不一定知道它是非法的,从这个小角度入手,听众容易理解,可以引起关注。
	2. 新闻回顾	2015年10月15日,呼和浩特市对非法改装、违法上路、非法营运的电动三轮车进行清理与整顿,邮政快递的电动三轮车也被纳入非法营运的整治范围。于是,呼和浩特市快递员们的电动三轮车被没收,甚至出现了骑马送快递的景象。	电子商务的快递本身就是社会关注的话题,在这个背景下阐述新闻的来龙去脉,具有时代性。
	3. 后续发展	这一行动实施后,快递业的配送效率大大降低,面对"双十一"的物流压力,呼和浩特市不得不让步,作出临时性决策: (1)依然整治电动三轮车。 (2)45家快递公司的4000辆电动三轮车限时晚间投放使用。 (3)原则上同意1000辆电动三轮车白天投送。	由此可见,这一规定与现实情况有所冲突,导致无法顺利实施,但有冲突的话题才更有评论价值。抓住临时性决策的漏洞继续质疑,例如,晚间投放快递没人签收怎么办?

续表

板块	主题	内容	评析
二、分析问题：快递送达小区必须借助电动三轮车这样的便捷交通工具，但这类车的交通安全隐患大	4.提倡整治的原因	(1)电动三轮车终究是非法车辆。 (2)存在安全隐患。电动三轮车逆行、闯红灯等行为导致交通事故频发。呼和浩特市2015年因电动三轮车发生交通事故980多起，导致死伤400人。	从政策和现实层面论证整治的合理性。
	提示：列举数据能更好地论证观点。		
	5.造成的现实问题	造成快递投递效率低、快递员离职率升高等问题，不能满足快递行业发展的需求，从而阻碍了电子商务的发展，也违背了民意。	多角度探讨，利用逆向思维从行业发展和民意角度提出本事件中的矛盾点。
	6.目前采取的相关办法	(1)呼和浩特市：明确一个车型，给予两个月缓冲期，统一标准、统一车型、统一编号、统一颜色、统一管理。	介绍呼和浩特市的具体措施，给别的城市以参考。
		(2)国家层面：国务院发布《关于促进快递业发展的若干意见》研究出台快递专用电动车相关条例，并允许各地结合实际情况制定相关管理办法。	从中央的层面提醒地方管理部门，管理的目的是促进而非阻碍快递行业的发展。
三、解决问题：不能一味禁止，而要顺势而为，通过政府政策、行业自律、快递员素质提升，让快递三轮车良性发展	7.承上启下，引出后面的思考	快递三轮车是非法的吗？严格意义上说：是的，但我想换种说法：它是非常有中国智慧的一种解决方法。如果没有这样灵活的电动三轮车，中国的快递数恐怕也不会呈几何式增长，背后的电商很难发展到今天，成为社会上谁都离不开的渠道。如何解决现存的问题使我们能得到更大的好处？	对快递三轮车的积极作用给予肯定。并不是只要出现问题就一定要完全杜绝，学会解决问题并将它的优势最大化，创造更多的效益。
	8.提问：如何利用快递三轮车使安全与效率同在	(1)政府制定规定时要"接地气"，考虑行业目前情况、了解民情。 (2)行业自身要设定自律条例。 (3)加强快递员素质，提高门槛。	采用不同主体切入法评述，在给出建议的同时可结合具体事例，使之更容易理解。
	9.结束语	提醒快递员：在还没出台相关规定时一定要遵守法规，让自己安全，也让别人安全，同时让社会少一些吐槽。	温馨提示彰显人文关怀，由于主要问题还是出在"人"上，所以让快递员们控制好自己的行为，情况也能得到一些缓解。

数据

1. 2015年,在"双十一"购物节使用移动端购物的用户达70%。

2. 呼和浩特市2015年因电动三轮车发生交通事故980多起,导致死伤400人。

3. 江西南昌市,在2014年不到一年的时间里,仅快递车辆造成的交通事故就有2960起,占到南昌交通事故总数的两成。

经典语录

1. 骑马的不一定是王子,还有可能是快递员。

2. 快递业可能是发展得太快了,因此我们的一些行动显得慢了。

3. 这一步不是"禁",而是更好地管理。

第三章　文化类话题

从广义上来说,文化是相对于经济、政治而言的人类全部精神活动及其产品,是人类在社会历史实践过程中所创造的物质财富和精神财富的总和。从狭义上来说,文化指群族的历史、地理、风土人情、传统习俗、工具、附属物、生活方式、宗教信仰、文学艺术、规范、律法,制度、思维方式、价值观念、审美情趣、精神图腾等。在这里,我们所说的文化取其狭义概念。文化类话题指的是与文化、文明相关的话题。其中,中西方文化冲突、传统文化与现代文化的矛盾、当代通过大众媒介传播的各种文化现象等是文化类话题评述练习中的重点与难点。

关注度:★★★★☆

	分类	具体事例
文化类话题	东方文化与西方文化	国人热衷于过"洋节"、中美贸易战(文化角度)
	传统文化与现代文化	贾玲"恶搞"花木兰被要求公开道歉、过年该不该放鞭炮、古建筑被拆除、清明节文明祭祖
	大众文化现象	综艺节目《奇葩说》《奔跑吧,兄弟》热播、动画电影《哪吒之魔童降世》热映、电视剧《琅琊榜》受热捧、《舌尖上的中国》热映、《战狼2》火爆上映

第一节　解题方法 >>>

解题方法:政治经济文化分析法。

经济是基础,政治是经济的集中体现,文化是经济、政治的反映。一定的政治经济决定一定的文化,一定的文化又反作用于一定的政治与经济。任何社会都是经济、政治和文化的有机结合,文化历来是社会生活不可分割的一部分。文化与政治、经济密不可分,一种文化现象的出现总离不开背后政治、经济要素的支撑。

当我们评述文化类话题的时候,通常会集中于分析其原因或阐述其影响,那么,我们就可以结合经济和政治两个方面来进行评述,加上对文化本身的解读,正好构成三段论的结构。同时,因为我们对这种结构比较熟悉,运用该方法进行评述时往往思路比较清晰,不易出错。

第二节 案例分析 >>>

一、《战狼2》热映点燃观众爱国热情

(一)新闻回顾

由吴京执导的《战狼2》是一部军事题材电影,该片讲述了正处于人生低谷的男主角冷锋,原想在海上漂泊了此一生,却卷入了一场非洲国家的叛乱的故事。该片最终收获56.81亿元票房,成为中国影史票房冠军。

(二)评述纲要

评述维度	关键句
政治	政治背景和政策支持是这部影片获得高票房的基础。
经济	国家经济实力的增强是这部影片获得高票房的前提。
文化	民族自豪感、国家荣誉感是这部影片获得高票房的保障。

(三)评述范文

《战狼2》登顶国产片票房冠军有其必然性,我们可以从政治、经济、文化三个方面对其原因进行分析。

首先,政治背景和政策支持是这部影片获得高票房的基础。中国在国际上的政治地位越来越高,近年来在保护华人华侨方面的表现激发了民众的国家自豪感,使得这类电影题材有很大市场。一提起《战狼2》,大家第一时间想到的可能是那句名台词"犯我中华者,虽远必诛",这展示了中国对外强硬的一面;而"中国护照或许不能带你去任何地方,但却能随时从任何地方把你带回来",则展现了中国温暖的一面。另外,

国家政策对于国产电影的保护和支持也是《战狼2》获得高票房的原因之一。《战狼2》在暑期档的7月底上映,正逢国产电影保护月,这段时间进口大片会给国产电影让路,没有了进口大片的冲击,《战狼2》的票房简直是一路飙升。

其次,国家经济实力的增强是这部影片获得高票房的前提。我们国家国民收入的提高和院线硬件设施的发展使得电影市场越来越繁荣,近十年来,中国电影票房增长近20倍,银幕数量激增。庞大的电影市场使得我们在电影制作上的投入越来越大。《战狼2》的成本达2亿元人民币,其拍摄制作完全是按照好莱坞大片模式进行的。这样的高投入让影片质量有了保障,高质量的影片又进一步地促进了电影市场的繁荣,形成一种良性循环。

最后,民族自豪感、国家荣誉感是这部影片获得高票房的保障。我们国家大一统的传统和近代屈辱的历史使民众对这类题材的影片有很高的心理期待。

综上所述,从政治、经济、文化三个方面来看,我们能够理性分析《战狼2》成功的原因,而《战狼2》带给我们的感性认识则可以用一句话来概括——此生无悔入华夏,来生愿在种花家。

二、过年该不该放鞭炮

(一)新闻回顾

2017年1月24日21时8分,湖南省岳阳市中南大市场发生一起火灾,造成6人死亡。据初步调查,事故原因为一购买烟花爆竹的群众,在试放鞭炮时将鞭炮发射到经营户店内,引发爆炸和火灾。

2017年1月9日上午,合肥市高新区百草街路一小区门口,一住户因结婚准备放鞭炮,被辖区民警及时制止。

(二)评述纲要

评述维度	关键句
应该放	1. 放鞭炮是传统习俗。 2. 禁鞭炮冲淡"年味"。
不应该放	1. 污染空气。 2. 给街道的清理带来麻烦。

（三）评述范文

在传统观念中，春节燃放鞭炮，有喜庆吉祥、招财进宝、驱恶避邪的寓意。因此，一些人，尤其是商人，都有春节燃放鞭炮的习惯。中央城镇化工作会议提出城镇化建设要"让居民望得见山，看得见水，记得住乡愁"，那么过年放鞭炮是否可以作为传统文化习俗被传承下来呢？如果春节期间一座城市连鞭炮响声都没有，是否太缺乏年味儿了？

但是，随着时代的发展，燃放鞭炮的危害也逐渐体现出来。有资料表明，在2014年春节七天长假期间，北京环卫集团清扫的烟花爆竹超过90吨。2014年春节期间燃放烟花爆竹，导致北京全年的PM2.5浓度平均上升0.6微克。不仅仅是在北京，在我国其他地方，由于春节期间燃放烟花爆竹引发的环境问题，同样值得重视。因为放鞭炮通常会产生大量氮氧化物、二氧化硫等有害气体，不仅会对人们的身体健康造成影响，也会致使空气污染，还有可能引发火灾等现实问题。放完鞭炮留下的纸屑、垃圾也给清理工作带来很多麻烦。

若传统习俗对当代社会的负面影响超过了它的积极意义，我们是否应该考虑加强管理？比如，在部分污染严重的区域内禁放鞭炮，在其余区域内可定点、定时、定类型放鞭炮，以满足部分市民的需求，或者研制"绿色鞭炮"来替代传统鞭炮，在"放"与"不放"之间，让人们有更多弹性的选择空间。

归根结底，该不该放鞭炮，需要在传统习俗与当代社会文明间寻找一个合理的平衡点，并不应一味地禁止，而是要恰当地限制。如此，咱们的旧年俗才会渐渐适应社会的新常态。

三、国产动画电影《哪吒之魔童降世》热映

（一）新闻回顾

2019年9月6日，《哪吒之魔童降世》获得第十二届中国国际漫画节最佳动画片长片金奖、最佳动画导演奖、最佳动画编剧奖、最佳动画配音奖。

国产动画电影票房难过亿的魔咒相继被打破，前有《西游记之大圣归来》，后有《哪吒之魔童降世》。截至2021年，"现象级"国产动画电影《哪吒之魔童降世》的票房突破50亿元，位列中国内地电影总票房第二。

《哪吒之魔童降世》热映后相关周边产品并没有及时跟上。正版周边产品不但上线时间晚、品种少，而且产品偏低龄化，做工也显得不够精致，缺乏新意。

（二）评述纲要

评述维度	关键句
是什么	《哪吒之魔童降世》热映仅是个例，不能将其看作国产动画崛起的标志。
为什么	中国动画行业人才缺乏，政府扶持力度不足。
怎么做	发展动画周边产品，制作更多优秀作品以支撑市场。

（三）评述范文

《哪吒之魔童降世》作为一部国产动画电影在各大影院热映，引起了人们的广泛关注。它的高票房无疑是国产动画成功的一个体现，但这究竟只是个例还是里程碑呢？

首先，我们不能被"高票房"冲昏了头脑，《哪吒之魔童降世》的热映只是个例，而非国产动画崛起的标志。有人认为《哪吒之魔童降世》是一部百分之百的国产好莱坞商业电影，在《哪吒之魔童降世》中，我们虽然可以看到中华文化的内核，但是其故事线索与叙事节奏更偏向于好莱坞影视作品。另外，在《哪吒之魔童降世》热映后，我们没有看到更多关于这部动画的产业链的启动，而这部动画本身的热潮也随着时间的流逝渐渐淡去。从数量上说，中国动画作品的产量的确很高，但用票房来衡量，在《哪吒之魔童降世》之后则鲜有成功者，因此国产动画仍然任重道远。

其次，审视如今的中国动画市场，我们不禁思考：中国动画行业为什么发展得如此艰难？一方面，虽然各高校陆续开办动画设计专业，每年培养一定数量的动画专业毕业生，但是有关动画制作的高端人才却十分缺乏。另一方面，政府虽然出台政策扶持动画产业，但扶持标准多是从产量、技术水平、播出平台、获得奖项这几个方面核定。一些年轻的非官方制作团队或者需要长时间制作的动画作品，并不能很好地获得政府补贴。可见政府对于动画行业的扶持政策还需要完善。

最后，为了使动画产业蓬勃发展，我们需要做些什么呢？关键是让一部现象级动画的影响不断延伸，让一部动画的收益尽可能地增多。但这仅仅依靠动画作品本身是不可能实现的，还要发展这部动画的衍生产业链，即周边产品。创造并聚集更多的优秀动画作品形成系列 IP，才能促进中国动画的长远发展。

四、文化保护和文化恶搞

（一）新闻回顾

2015年6月27日，东方卫视《欢乐喜剧人》栏目如期播出，其中，喜剧演员贾玲等人表演的《木兰从军》，将巾帼英雄代表花木兰恶搞成贪吃、不孝、花痴、畏战的"傻大妞"。节目播出后引发网友不满。

2015年7月7日，隶属于中国民间艺术家协会的中国木兰文化研究中心委托《京九晚报》发布公开信，要求节目制作方及贾玲道歉。当天，木兰祠景区负责人程凤华和她的婆婆在木兰祠内穿上带有"木兰文化"字样的衣服拍照后上传网络，表示抗议。

最终，贾玲在微博上公开致歉："不合时宜、有违公众审美习惯。"同时，该事件也开启了"娱乐圈的道歉时代"，中国道教协会副会长孟崇然道长公开谴责陈凯歌的《道士下山》肆意丑化道教，要求其停播并道歉。

（二）评述纲要

评述维度	关键句
群众	各人对文化恶搞的接受程度有所不同。
协会	应该多举办一些文化保护或宣传活动。

（三）评述范文

关于贾玲是否应该道歉，各人有各人的看法，因为大家对文化恶搞的接受程度不同。

一方面，六小龄童为贾玲的道歉点赞，称她开了个好头；另一方面，清华大学肖鹰教授在微博里写道："贾玲不应被迫道歉，如果不容许改写传统文学形象，中外文艺的历史轨迹将改写。"他还专门在博客里阐明了贾玲不需要道歉的理由。而其他"看热闹"的群众，则抱着调侃的态度，掀起了"要求道歉"的热潮："爬行动物协会要求《白蛇传》道歉！足协要求《少林足球》道歉。"究竟喜剧恶搞是否有罪，喜剧艺人是否需要道歉，我们无法作出一个所谓"正确"的定论。但是，在笑过骂过之后，作为一名中国人，我们每个人都应承担起了解、传播中国文化的义务与责任。你可以在看贾玲的喜剧时笑得前仰后合，但了解了花木兰的故事，你也会为这位女英雄感到骄傲。

中国木兰文化研究中心对此次恶搞事件的反应让群众看到了文化保护协会对于恶搞文化的排斥。我们相信其出发点是传承中华文化,但是,最好的打击文化恶搞的方法便是多多对正统中华文化进行宣传。如果中国木兰文化研究中心可以走出木兰之乡,向更多的人宣传木兰文化,让大家了解花木兰的故事,那么再过分的恶搞也无法扭曲国人心中的花木兰形象。增强协会自身的影响力,对以后的相关文化传播也非常有帮助。

贾玲到底该不该道歉,这是一个开放性的问题。虽然每个人对文化恶搞的接受程度不同,但是大家都应该尊重正统的中华文化,担负起推广中华文化的责任。

五、广电系统大力规范广播电视节目用语

(一)新闻回顾

2013年12月31日,国家新闻出版广电总局发出通知,要求广播电视节目规范使用通用语言文字,在推广普及普通话方面起到带头示范作用。其中,通知要求播音员主持人除节目特殊需要外,一律使用标准普通话。不得模仿地域特点突出的发音和表达方式,不使用对规范语言有损害的俚语俗词等。

可以先练习说新闻再说即评

(二)评述纲要

评述维度	关键句
赞同	规范使用、推广普及国家通用语言文字是贯彻落实《国家通用语言文字法》的基本要求,是树立文化自信、提高文化软实力、增强中华民族凝聚力的重要内容。
反对	去方言化可能使我国博大精深的语言文化失去色彩。

(三)评述范文

在方言电视节目遍地开花的今天,方言播报有其存在的合理性以及优势,但也存在一些问题和弊端。2013年12月31日,国家新闻出版广电总局发出通知,要求广播电视节目规范使用通用语言文字,在推广普及普通话方面起到带头示范作用。

一方面,赞同者认为:规范使用、推广普及国家通用语言文字是贯彻落实《国家通用语言文字法》的基本要求,是树立文化自信、提高文化软实力、增强中华民族凝聚力的重要内容。电视作为重要的大众媒介,在"推普"工作中发挥着重要的作用。播音

员主持人和嘉宾作为公众人物,必须在推广普及普通话、规范使用通用语言文字方面发挥积极的示范和表率作用。周恩来总理曾说过:"我们推广普通话,是为的消除方言之间的隔阂,而不是禁止和消灭方言。"

另一方面,反对者认为:去方言化可能使我国博大精深的语言文化失去色彩。四川方言,一说出来就有辣味;东北方言,一说出来就感觉豪爽;江浙方言,一听就感觉情感细腻……每一种方言都有自己的历史印记和艺术特色。如果对方言只是一味地"封杀",是否会有损语言文化的多样性呢?

其实,我认为很多人陷入了一个误区,那就是将普通话与方言对立起来,认为说普通话就不能说方言。要想规范广播电视节目的语言使用,既要严格执行国家关于广播电视用语的基本规范,又要给本地方言留有一定的空间,只有国家标准不被滥用、观众选择不被剥夺,用语规范才不会变得遥不可期。

六、青春片热映

(一)新闻回顾

2011年《那些年,我们一起追的女孩》上映,掀起了一股集体怀旧的浪潮。随后,《致我们终将逝去的青春》《同桌的你》《匆匆那年》等校园青春片全面来袭。虽然口碑褒贬不一,但从每部影片优异的票房表现可以看出观众有多么怀念青春。

(二)评述纲要

评述维度	关键句
原因	1. 受众广泛:几乎涵盖了所有年龄层的电影消费者。 2. 选材讨巧:大多由热销小说改编。 3. 门槛低:不需要过多的拍摄技巧。
影响	1. 利:唤起观众对青春的回忆,传递正确的价值观。 2. 弊:一些影片的情节容易误导心智不成熟的青少年。

(三)评述范文

青春片热映,首先是因为其受众广泛,几乎涵盖了所有年龄层的电影消费者。许多观众在走进放映青春片的影厅那一刻,已经不太重视电影内容本身,而更像是去看一场青春的回忆,只要电影中出现与自己青春相关的小物件、小细节,就愿意掏钱买自己的一个"青春情怀"。

其次,这类影片的选材十分讨巧,如《何以笙箫默》《致我们终将逝去的青春》《左耳》等电影均改编自同名文学作品,都天然拥有不少的粉丝,保证了一部分票房。

最后,青春片的拍摄也较为简单。一些没有经过系统学习的导演新人也拍出了票房上亿的电影,正说明青春片的拍摄门槛相对较低,有很多可以复制的模式,这也造成了青春片扎堆的现象。

大量青春片的热映必然会影响观众。观众们在观看这类青春题材电影时会在影片中寻找自己的影子,从而产生共鸣。例如,《中国合伙人》讲述了一个关于青春、梦想、兄弟情谊的故事,让人看完之后有种应该"立刻去干点儿什么"的激情,而这正是一部优秀的电影应该向观众传达的东西。但也并非所有青春片都如此励志,部分电影制作方为了制造噱头,有意无意地夹杂了一些并不能代表青春的情节,这种刻意做出来的"伤痛"不仅拉低了电影的档次,更有可能误导一些心智不成熟的青少年,造成不好的影响。

在这个浮躁的时代,不少青春片就像便利店里千篇一律、没有营养的快餐。电影作品不应该一味地讨好观众,而是应在获取利益的同时兼顾电影作品的真正价值。

七、草根文化

(一)新闻回顾

草根文化属于一种没有特定规律和标准可循的社会文化,是一种动态的、可变的文化。

2014年7月,一首《我的滑板鞋》在网上突然出现,新奇的歌词和混合摇滚、R&B、电子音乐风格的配乐,加上主唱走调而乡土味浓厚的演唱,让关键词"摩擦摩擦"火了,歌曲作者兼原唱者约瑟翰·庞麦郎(原名庞明涛)也火了。后来,他离开北京,蜗居于上海的一个小宾馆,寂寞孤独地写歌。

西单女孩,又名任月丽,1988年4月13日出生于河北省涿州市。2008年,在西单地下通道唱歌的任月丽被网友拍下视频并传到网上,由此成名。2013年12月,她参加了CCTV-7《咱们老家》"西单女孩"任月丽专场的录制。2014年,任月丽重回西单地铁通道,并演唱歌曲《天使的翅膀》。

(二) 评述纲要

评述维度	关键句
社会	狂轰滥炸式的信息传播让公众被动地接触草根文化。
草根明星	仅靠新鲜感不能长期走红,必须具备深厚的文化底蕴和良好的专业素养。
民众	存在猎奇心理,过分追逐时尚。

(三) 评述范文

首先,草根文化的兴起离不开当下网络的急速发展,狂轰滥炸式的信息传播让公众被动地接触草根文化。新闻媒体、社交平台每天向受众推送大量信息,一些新奇、有趣或博人眼球的民生、娱乐新闻被反复报道,受众无意间也了解了相关事件和人物。

其次,很多草根明星在网络平台上突然走红又迅速销声匿迹,正是因为他们缺乏后续资源和专业的运作团队,不能持续获得公众的注意。因此,草根明星还须提高自身能力,丰富自己的文化底蕴,提升自己的专业素养。

最后,民众的猎奇心理和追逐时尚的心态也是草根文化蓬勃发展的"养料"。一方面,大多数网民都抱有猎奇的心理,围观网络上的新鲜事;另一方面,新媒体时代的人们过分追逐时尚,存在"落伍"恐慌。"时尚时尚最时尚",庞麦郎的歌词唱到了人们的心坎里——不管谁人走红网络,只要新鲜信息传来,第一时间跟上,才最要紧。

在新媒体时代,草根文化接地气、生动鲜活,但不持久,转瞬即逝,希望社会各界能够给予草根明星一些帮助,别让有梦想、有才华的他们淹没在茫茫人海中。

第三节 相关练习 >>>

一、如何看待《中国汉字听写大会》《汉字英雄》《中华好诗词》节目热播

第一段:内容叙述 + 评述主题_____

_____。

第二段:关键句_____。

论据(   )。

第三段:关键句_____。

论据(　　　　　　　　　　　　　　　　　　　　　　　　　　　　　)。

第四段:关键句_____。

论据(　　　　　　　　　　　　　　　　　　　　　　　　　　　　　)。

第五段:总结句_____

_____。

二、如何看待《这!就是街舞》热播

第一段:内容叙述+评述主题_____

_____。

第二段:关键句_____。

论据(　　　　　　　　　　　　　　　　　　　　　　　　　　　　　)。

第三段:关键句_____。

论据(　　　　　　　　　　　　　　　　　　　　　　　　　　　　　)。

第四段:关键句_____。

论据(　　　　　　　　　　　　　　　　　　　　　　　　　　　　　)。

第五段:总结句_____

_____。

三、如何看待古建筑保护

第一段:内容叙述+评述主题_____

_____。

第二段:关键句_____。

论据(　　　　　　　　　　　　　　　　　　　　　　　　　　　　　)。

第三段:关键句_____。

论据(　　　　　　　　　　　　　　　　　　　　　　　　　　　　　)。

第四段:关键句_____。

论据(　　　　　　　　　　　　　　　　　　　　　　　　　　　　　)。

第五段:总结句_____

_____。

四、如何看待《舌尖上的中国》热播

第一段：内容叙述 + 评述主题_____

_____。

第二段：关键句_____。

论据(   )。

第三段：关键句_____。

论据(   )。

第四段：关键句_____。

论据(   )。

第五段：总结句_____

_____。

五、清明节如何文明祭祖

第一段：内容叙述 + 评述主题_____

_____。

第二段：关键句_____。

论据(   )。

第三段：关键句_____。

论据(   )。

第四段：关键句_____。

论据(   )。

第五段：总结句_____

_____。

六、如何看待文化产业"云端自救"

第一段：内容叙述 + 评述主题_____

_____。

第二段：关键句_____。

论据(   )。

　　　　第三段:关键句_____。
论据(　　　　　　　　　　　　　　　　　　　　　　　)。
　　　　第四段:关键句_____。
论据(　　　　　　　　　　　　　　　　　　　　　　　)。
　　　　第五段:总结句_____
_____。

七、如何看待丁真走红

　　　　第一段:内容叙述 + 评述主题_____
_____。
　　　　第二段:关键句_____。
论据(　　　　　　　　　　　　　　　　　　　　　　　)。
　　　　第三段:关键句_____。
论据(　　　　　　　　　　　　　　　　　　　　　　　)。
　　　　第四段:关键句_____。
论据(　　　　　　　　　　　　　　　　　　　　　　　)。
　　　　第五段:总结句_____
_____。

八、如何看待悬疑剧升温

　　　　第一段:内容叙述 + 评述主题_____
_____。
　　　　第二段:关键句_____。
论据(　　　　　　　　　　　　　　　　　　　　　　　)。
　　　　第三段:关键句_____。
论据(　　　　　　　　　　　　　　　　　　　　　　　)。
　　　　第四段:关键句_____。
论据(　　　　　　　　　　　　　　　　　　　　　　　)。
　　　　第五段:总结句_____
_____。

第四节 《新闻1+1》评析

没有圣诞,只有节!

《新闻1+1》2014年12月25日的这期节目,探讨的是与中西方节日有关的文化类话题。在评述与文化相关的话题时要注意,由于文化属于较为抽象的内容,因而可以多运用图片、数据、新闻等形式将抽象内容具体化。辩证地看待问题,可以从不同的主体对于文化态度的差异下手,也可以运用类比、对比思维比较不同的文化,为自身文化的改进提升提出建议。

板块	主题	内容	评析
一、提出问题:描述两种完全对立的对待圣诞节的方式,引出讨论话题	1. 以图片解析+新闻的形式概述两种对立的态度	(1)照片内容:下午6点半左右,北京,长安街上,车堵得水泄不通。昨天是星期三,怎么会怎样?其实很简单,因为昨天是圣诞前夜。 此外,在南京、上海、天津等地拍摄的照片中可以看出,人们是真把这个节当成一个盛大的节日来对待的。 (2)新闻内容:西安一所高校禁止学生过圣诞节,谁要过就处分谁。学校里面还拉了一个横幅,"争做华夏优秀儿女,反对媚俗西方洋节"。在长沙,几个学生穿着汉服,手里拿着一个标牌,上面写着"抵制圣诞,中国人不过外国节"。	对图片内容进行简洁描述,提出问题,设置悬念。点面结合体现现象的普遍性。 注意过渡,使语言逻辑更加严谨。运用对比思维,用两种截然不同的对待圣诞节的态度来引出问题。
	2. 提出问题	圣诞节和中国的传统文化本是不搭界的,但是在这样的一个寒冬里面,它为什么会引起人们这么大的热情?又为什么有人会去抵制它?	寻求形成两种不同态度的原因。
	提示:从小方面切入,一步步从新闻现象探讨问题本质。平实的问句容易让人接受,并且能体现出逻辑性。		

续表

板块	主题	内容	评析
二、解释原因:对支持和抵制圣诞节这两种态度的形成进行深入分析	支持 3.问:为什么越来越多的中国人,尤其是中国年轻人愿意过西方的节日?	答:(1)一方面,我们太缺少年轻人之间相聚的节日。中国的节日一般要求家庭团聚,比如春节、中秋节都被赋予了这样的意义。我们缺少年轻人的节日,让他们可以在晚上出来欢聚、放松。 (2)另一方面,圣诞节在中国已经经历了一个本土化的过程,它的宗教背景已经被淡化,我们现在的象征符号,像圣诞老人、圣诞车、装点得灿烂的雪景、音乐、相关电影,其实都是用于渲染气氛,把冬天装点得更美丽,让大家能够轻松快乐地度过这个冬日的夜晚。	结合内外两方面使回答更加全面,一是透过现象反思传统文化的短项,二是体现外来文化的优势。
	4.问:对于中国人来说,过这个节,过的是什么?图的是什么?	答:(1)发现现象:年纪较大或比较成熟的人一般对圣诞节兴趣不大,过节的主体多为年轻人。 (2)分析原因:他们过这个节,一是放松心情;二是获得一个和朋友相聚的机会。其实是"借别人的瓶子来装自己的酒"。	善于找到身边存在的现象,通过描述现象揭露本质。
	5.问:怎么看学校不让孩子们过圣诞节这个举动?	答:有些年轻人不喜欢过这个节,这是他个人的选择,没有问题。而学校这样做,当然也有弘扬文化、关注传统节日的善意,但是否需要采取这样的形式,还是值得商榷的。	辩证地看待问题,学校的做法既是善意的,又似乎方式欠佳。如果不愿明确表达自己的立场,便采取中立的态度。
	抵制 6.问:怎么看大多数的人觉得应该抵制圣诞节?(结合调查数据)	答:(1)一方面,这可以体现我们的社会其实还是对自己的文化有很深入的认同,我们担心我们的传统文化,我们的身份,我们的价值观受到西方文化的冲击。另一方面,圣诞节是西方的价值观或者西方宗教文化在中国的一个非常具体的体现。年轻人主要借这个由头来欢聚,然后用一些文化符号来营造活跃的气氛。 (2)举例:现在很多中国的传统节日也都走向了世界,随着华人在全球移民数量的增多,我们文化影响力的增长,我们的春节,现在在很多国家也变成一个非常活跃、有意思的节日。人们也会借用春节的一些符号,但这并不意味着很多人对中国传统文化有非常深入的了解。	针对这一问题的评论实际上又是"发现问题—解释原因—解决问题"的架构。 令观众换位思考,运用类比思维将"西方节日走进我国"与"我国传统文化走向世界"联系在一起,不仅论证了自己的观点,而且让观众更好地理解。

续表

板块	主题	内容	评析
		(3)怎么应对:过节这个事情,一方面我们当然要宣传传统文化、传统节日的意义,可以通过更多地宣传我们的传统节日、传统文化,让更多的人来了解中国传统文化。但另一方面,对于过洋节这个事情,可能也不必过于紧张,保持一个开放、包容的心态,因为中国人是很善于把外来的东西变成自己文化内部的东西的。	
过渡		洋节的流行其实反映了我们国家传统文化的一些不足之处,它的流行说明年轻人的一些需求没有被满足。那么接下来我们又该怎么去应对?怎么去做呢?	承上启下,仍然使用问句引出下文。
三、回归自我:结合年轻人过传统节日时遭遇的问题来反思该如何对传统节日进行提升	7.以春节为例列举年轻人面临的现实压力	与开开心心、无牵无挂、尽情享受吃喝玩乐的圣诞节不同的是,现在很多年轻人一提春节就觉得"没脸"回家。为此,媒体还盘点了80后春节恐归族的"九大怕"。其中怕催婚、怕送礼、怕外甥侄子、怕同学聚会排在前列。例如今年春节前夕,一名小伙子为了父母不再唠叨,无奈征女友回家过年。	简要描述年轻人面临的几大压力,再选取其中一个角度通过具体的事例进行说明,宏观与微观结合,宽泛与具体结合,不仅有广度还有深度。
	8.结合数据调查分析现状	通过调查可以看到,与喜欢过洋节的人相比,将近7成的人还是愿意过春节的。但与刚才我们在短片中看到的年轻人的这种自由、快乐、浪漫相比,提到春节,可能更多的人觉得累,甚至春节已经变成了"春劫"。那么,两相对比之下,怎么能够提高自己本土的、传统的节日的魅力呢?	将中西方节日进行对比,再将数据和实际情况的矛盾提取出来,表明问题出在哪儿。
	9.如何做	(1)多些让年轻人放松的时间。将来我们在弘扬传统节日方面,应该让年轻人能够充分地聚会、放松,并不是让他每天在家庭里面聚着,期望能多一些可以满足年轻人需求的节日。 (2)我们的传统文化既要有更多有趣的色彩,同时也要有一些斑斓丰富的文化符号。把中国传统的经典符号创造性地转化成年轻人喜爱的时尚符号,这对我们文化的弘扬也很有帮助。	
结 语		其实很简单,与其抵制不如创新,让我们的节日与时俱进。	一句话总结简洁精炼,结尾不宜篇幅过长。

数据

1. 对于禁止圣诞节进校园,你怎么看?

支持　应守护中国传统节日,抵制洋节(65.93%)

反对　过节与否是个人自由,不应干涉(34.07%)

2. 如何看待中国人庆祝圣诞节这种现象?

忧心忡忡,还是应该重视弘扬祖国传统文化(56.08%)

无须焦虑,就是多了个放松娱乐的日子而已(43.92%)

3. 你喜欢过什么节日?

我们的传统节日,如春节、中秋、端午等(68.42%)

舶来的西洋节日,如圣诞节、情人节、母亲节等(2.62%)

各有所长,都很喜欢(28.96%)

——以上调查来源:腾讯新闻(参与人数:13,145人,截止时间:2014年12月25日20:30)

参考资料

1. 中国主流社会应当反思中华文化过于严肃、紧张的问题,对全球化时代年轻人的一些需求予以承认和正面回应,加强文化内部的互动和创新。中国的节日还是有点少,用来放松的节日和非节日性安排尤其是我们的短项。

中国年轻人实际在把圣诞节拿来"为我所用"。这些年轻人很需要放松身心、营造浪漫的机会和理由,圣诞节、情人节等洋节成了合适的坯子。它们在中国既是节又不是节,年轻人自己把它们当成节过,但用不着尽看望老人、与大家庭团聚的义务。

——《环球时报》2014年12月25日

2. 在这个匆忙的时代,年轻人所遭遇的问题除了工作上的困顿,还包括情感上的空白,精神上的迷茫等,这是我们这个时代必须共同面对的"痛点"。时代痛感要靠改革、发展来纾解,也需要年轻人自己去找寻压力出口。

——《亲情比面子更珍贵》高亚洲

第四章　安全类话题

　　安全类话题主要涉及与人们生命、健康和公共财产的安全有关的问题，包括公共安全与人身安全两类。前者与大多数人的安全利益相关，例如食品安全、医疗安全等问题，实际影响面较广；后者与个人的人身和财产安全相关，实际受损害个体较少，但舆论影响较大，往往容易成为公共事件。安全类问题产生的原因较多，总体而言可分为主观因素和客观因素两类，因而评论时可用主客观分析法来解题，从内因外因两方面进行评述。安全问题与民众切身利益息息相关，时常引发舆论热议，因而出题可能性较大，考生务必予以重视。

　　出题可能性：★★★★☆

类型	分类		具体事例
安全类话题	公共安全	食品安全	苏丹红事件、僵尸肉事件、毒奶粉事件、皮鞋胶囊事件
		医疗安全	问题疫苗案、魏则西事件
		城市管理	交通拥堵、上海踩踏事件、天津爆炸事件
		自然灾害	地震、洪涝灾害、台风
	人身安全	个人财务	河南某大学生网贷负债自杀
		生命健康	和颐酒店女子遇袭案、女大学生安全问题、景区老虎咬人

第一节　解题方法 >>>

　　解题方法：主客观分析法（内因外因分析法）。

　　主客观分析法又称内因外因分析法。主观原因（内因）指与人自身知识、认知、能力等主观方面有关的原因，涉及安全事件当事人、企业、政府以及制度体系等方面。而客观原因（外因）则指外部的环境造成的原因，涉及自然环境和社会环境等。

主客观分析法符合唯物辩证法，其优点在于评述人至少可以从主观和客观两个角度去看待事物，全面地剖析事件的起因、经过和结果，寻找问题的解决之道。

在运用主客观分析法时，我们要注意两点。一是各点原因之间要尽量有恰切的逻辑关系，评述尽量全面又条理清晰。二是很多同学在分析完原因之后又分点列出应该怎么办，这样会使评述冗长，重点反而不集中。我们可以在最后总结时用几句话归纳解决之道，这样可使评论既完整又精练。

第二节 案例分析 >>>

一、儿童坠楼、坠井事故

（一）新闻回顾

2016年10月12日中午，阜阳市颍州区一小区发生惊险一幕——一名3岁小女孩独自在家时，不慎从三楼阳台坠落。

2016年11月6日上午11点左右，保定市蠡县中孟尝村5岁男童赵梓聪，在跟随父亲赵向阳到地里收白菜时，不慎坠入一眼深约40米的废弃机井内。事发后，多个部门调集大型机械挖坑救人。经过107个小时的救援，救援人员终于在井底发现坠井男童，但不幸的是，男童已无生命体征。

2016年11月13日下午3点左右，湖南省常州市金坛老行政审批中心对面，一名6岁左右的小男孩疑似从三楼窗口爬出坠落到一楼地面，现场一片混乱。

（二）评述纲要

评述维度	关键句
主观上	家长安全意识淡薄。
	孩子安全意识淡薄。
客观上	现代建筑的构造和相关设施更为复杂。

（三）评述范文

日本作家伊坂幸太郎曾说："一想到人类竟然不需要通过考试就直接为人父母，

我就后脊发凉。"这句话明白无误地表达一个意思：父母在孩子的成长中扮演着至关重要的角色，父母应该有足够的责任心和能力才能承担这个角色，保护孩子健康成长。然而现实的情况是，孩子坠楼、坠井的安全事故接二连三地发生，这个残酷的事实告诉我们，很多父母并没有尽到其应尽的义务，这样的父母不合格。那么，为何此类悲剧总是接二连三地重演呢？

从主观上来说，在现实生活中，不少监护人安全意识匮乏。例如，有的家长将危险尖锐的物品放在孩子触手可及的地方；有的家长没有留意孩子独自醒来后的动向；更有甚者将孩子独自一人反锁在家中，造成孩子爬窗摔下楼的悲剧。细看这些令人心痛的案件，我们不难发现，此类案件并非不可防范，只要家长多一点细心和责任心，就能避免诸多悲剧。同时，家长需要对孩子进行适当的安全教育，培养孩子的安全意识。要让孩子深刻理解什么是能做的，什么是不能做的，一旦做出危险举动的后果又是什么。比如，家长可以带孩子去参加一些安全课堂与讲座，使他们对安全的重要性有更生动直观的认识。

从客观上来说，人类已经进入现代社会，现代化的建筑、设施和场景更为复杂。对于孩子们来说，他们需要很长的时间才能认识这个世界，他们并不了解这些看似安全的设施和场景背后有哪些隐患，因此，这在客观上增加了安全防范的难度。比如，城市中已损坏但没来得及维修的下水道井盖，再比如一些高层、超高层建筑，都有可能成为安全事故的隐患。

总之，儿童坠楼、坠井事件令人痛心，儿童安全问题需要重视。接二连三的悲剧告诉我们，儿童坠楼、坠井早已不是个案，除了家长的重视，更需要社会各界共同努力，为孩子们营造一个更加安全的生活环境。

二、女大学生安全问题

（一）新闻回顾

2014年8月9日，重庆20岁女大学生高渝因在回家途中错上一辆"黑车"而被害身亡。

2015年8月10日夜晚，一篇名为《紧急寻人，中传10级两学生失联超36小时》的文章在微信、微博等新媒体中迅速扩散。在微信公众号"中传人生活圈"中，这篇文章阅读量超过10万。北京当地媒体在官方微博发布寻人微博，得到大量转发，阅读量超过854万。8月11日12时39分,北京市公安局官方微博发布通报,证实失踪的中传女生周某某被同学李某某强奸未遂杀害。

(二)评述纲要

评述维度	关键句
主观上	1. 学校对学生们的安全教育不够。 2. 女大学生自身没有足够的安全意识。
客观上	1. 社会环境复杂。 2. 公共区域的安全保障设施不够完备。 3. 校园巡逻及社会治安等措施不完善。

(三)评述范文

近年来,多起女大学生失联遇害事件出现在我们的视野之中。一时间,社会上争议不断,越来越多的目光投向了女大学生安全问题,也使得各方开始更加关注此类事件。

从主观上来说,首先,学校对学生们的安全教育不够,大部分学校对学生的安全教育仅仅停留在口头宣传上,这些宣传也只侧重于理论知识,实践性较弱,对女大学生这个群体的安全教育也只是流于表面。所以,学校方面要加强对学生的安全教育,比如将安全教育当成一门必修课、与学分挂钩、与评优评先挂钩等。安全教育也不能只停留在教授理论知识的层面上,要将理论与实践相结合。比如,近年来有部分大学已经将女子防身术纳入体育课中,提高女生自我防卫的能力。除此之外,女大学生自身要端正态度,提高防范意识和危机应对能力,时刻在内心敲响安全警钟。具体地说,女大学生外出时应尽量结伴同行,不要独自一人;尽量避免走小路、无人或者少人的道路;结交朋友要谨慎;遇事要冷静,尽量把对自己的伤害降到最低等。

从客观上来说,社会环境复杂,有些公共区域的安全保障设施不够完备,校园巡逻及社会治安等措施也有待完善。安装路灯和监控有助于减少此类事件的发生,就算贼人有心作恶也会有所顾忌。如若发生不幸,监控录像也能提供线索,帮助警察更快找到犯罪嫌疑人。同时,有关单位可以在偏僻幽静的小路旁安扎保安亭,一来是起到威慑的作用,二来在意外发生时便于施救。另外,在众多女大学生失联案件中,因为搭乘"黑车"而遇害的女大学生不在少数。在"黑车"日益猖獗的今天,相关部门对"黑车"的打击力度仍不够、社会安全防范措施仍不健全,而这也正是这类事件频发的一个原因。

总体来说,在个人加强防范意识的同时,必须强化公共安全体系建设,营造更加安全的公共活动空间,才能把各种犯罪行为扼杀在摇篮中。

三、勿让疫苗成为"疑苗"

(一)新闻回顾

2015年4月,山东警方破获案值5.7亿元的非法疫苗案。2016年3月,警方向社会通报了案情。据警方披露,犯罪嫌疑人庞某卫在不具备经营资质的情况下,将未经严格冷链存储运输的正规疫苗销往安徽、北京、福建等24个省市。疫苗含25种儿童、成人用二类疫苗。

2016年3月20日,国家食品药品监督管理总局发布公告,要求各省协查山东非法疫苗案。各地根据国家食品药品监督管理总局的通告要求纷纷采取行动,清查山东非法疫苗案中的涉案人员、疫苗流向等。

2018年,长春长生生物科技公司先是被查出狂犬病疫苗生产记录造假,随后又因"吸附无细胞百白破联合疫苗"(简称"百白破疫苗")检验不符规定被罚款。

(二)评述纲要

评述维度	关键句
制度体系	对事故的赔偿力度不足,对违法者的惩罚力度不够大、震慑力不足。
职能部门	部分公职人员履职不力,甚至腐化堕落、同流合污。
从业人员	部分医疗机构人员唯利是图,丧失基本医疗道德伦理。

(三)评述范文

防患于未然的疫苗,却成为戕害生命的毒药。疫苗事件的爆发,在引发公众恐慌的同时,也对政府的公信力造成极大冲击。是什么导致了非法疫苗事件的发生?谁又该为此事件负责?

首先,我国的监管制度体系不够健全,对事故的赔偿力度不足,对违法者的惩罚力度不够大、震慑力不足。疫苗的生产流通流程比较复杂,有研发、生成、流通、接种等多个环节,涉及药监、卫生和药企等多个单位和部门。2016年3月,当时的国家卫计委官员评论山东非法疫苗案时承认,疫苗的生产、流通企业直接向接种点供应疫苗,点多面广,同时各个地方的发展又不平衡,监管的难度比较大。在刑事惩罚方面,有些厂家或者个人被处罚后,转身换了一个名字重新注册公司,继续从事疫苗生产。同时,我国在疫苗事故中的民事赔偿力度不足,对事故受害者的保障力度较弱。以美国为例,美国规定从每支疫苗的销售额中抽取 0.75 美元的税收,作为因注射疫苗受到伤害的儿童的救济基金。在民事赔偿和救助方面,中国需要迎头赶上。

其次,部分公职人员履职不力甚至同流合污,置监管责任于不顾。依据《中华人民共和国刑法》《中华人民共和国药品管理法》等法律法规的规定,不具备疫苗经营资质而生产、销售疫苗属违法犯罪行为,依法可处五年以上有期徒刑。在山东非法疫苗案中,部分公职人员履职不力,甚至成为"黑色利益链"中的一环,共同实施犯罪行为,这种将利益放前、生命放后的行为令人胆寒。

最后,部分医疗机构人员唯利是图,丧失基本医疗道德伦理。在现实生活中,有些单位依靠二类疫苗来养活防疫人员,甚至将其作为创收手段,这使得二类疫苗的使用存在某些问题。

疫苗事关人们的身体健康,一旦出现问题,势必引发社会恐慌。客观来说,目前疫苗仍然是重要的疾病预防手段,因此不能让疫苗成为"疑苗"。这就需要各地卫生部门、疾控中心和食品药品监管部门迅速行动起来,将真实调查情况及时向公众发布,安抚社会的恐慌情绪。社会公众也不要因此就将疫苗"妖魔化",儿童如果不接种疫苗,将会产生更严重的后果。社会公众应在正规场所注射疫苗,这样才能保障切身利益。

四、电梯安全问题

(一)新闻回顾

2017 年 7 月 26 日上午 10 时左右,湖北省荆州市安良百货公司的手扶电梯发生事故,一名女子因电梯与楼面连接的迎宾踏板松动,被卷入电梯内。女子在遇险的一刹那,双手奋力向前,将幼小的儿子托举送出,旁人救下孩子,而她自己则在短短 8 秒内被电梯吞没。有专家发问:为何工作人员未使用急停按钮?为何电梯没有自动停止?为何电梯夹板下面没有标准要求的安全平台而是直接对着机器?7 月 28 日,国家质检总局发出通知,要求各地"督促电梯使用,维保单位在 8 月 10 日前对自动扶梯与自动人行道逐台进行一次针对性检查,发现事故隐患应当立即停止使用"。

2015年7月30日上午10时许,杭州市新华坊小区18幢一部运行了16年的电梯突然失控,将住在该幢16楼的22岁女子小王卷入,悬空夹在16楼与17楼的电梯中间。待小王被救援人员救出后,已无生命体征。22岁的小王,是上海一所大学的大三学生,此次是回家过暑假。经现场勘查,该电梯存在多个质量问题,调查人员说:"通过保养可以发现此问题。"

(二)评述纲要

评述维度	关键句
个人	学习急救知识与自救知识。
企业	保证电梯的质量与运行安全。
政府	针对电梯安全问题出台相关的明确条例。

(三)评述范文

电梯本应为我们的生活提供便利,却一而再再而三地夺去无辜者的生命。面对一次又一次的事故,我们该从中吸取和总结些什么呢?

首先,普通居民应该学习急救知识与自救知识,最大程度减轻伤害。对于震惊全国的"7·26"事件,不少人都有一个疑问:为什么两位站在电梯口的服务员没有立刻去按急停按钮?真相只有一个:她们不知道。事实上,像这两位服务员一样不知道电梯急停按钮的大有人在。直到事件发生后,仍有很多市民不知道电梯急停按钮的具体位置,有的人甚至不知道有按钮。由此可以看出,我们对电梯安全的普及教育仍没有做到位。安全宣传没有告诉公众如何规避某些更贴近生活的危险,比如在踩踏事件、电梯事故中如何自救或救人等。

其次,企业应保证电梯的质量与运行安全。在"7·26"事件发生后,专家对事发的申龙电梯公司提出一系列疑问:为什么电梯没有自动停止功能?为什么电梯夹板下面不是标准要求的安全平台而是直接对着机器?据了解,我国的电梯使用量为全世界第一,如果电梯质量没有保障,人民的人身安全将遭到极大的威胁。此外,无论产品质量如何,只要投入使用便开始不间断地磨损,硬件设施的使用寿命在很大程度上取决于"后天"保养,一些问题也能在保养过程中被发现和处理,从而避免惨剧发生。在"7·26"事件中,不管电梯企业对细节问题是一时疏忽还是有意忽略,其对无辜逝去的生命都有无可推卸的责任。

最后，针对电梯安全问题，政府应出台相关的明确条例。目前的国家法律法规、安全技术规范未对电梯的设计使用年限、报废淘汰等作出明确规定。直到此次悲剧发生，国家质检总局才"要求各地督促单位进行一次针对性检查"。对电梯等设备每年或每半年进行一次例行审查，就可以在很大程度上避免此类悲剧事件的发生。

从这些悲剧中，我们要学会更好地保护自己，尽自己所能避免同样的事情再次发生。另外，企业以及政府一定要从中吸取教训，履行自身责任，为群众创造一个安全的生活环境。

五、"僵尸肉"——中国百姓的惯性忧虑

（一）新闻回顾

2015年6月23日，新华网刊发了一篇名为《走私"僵尸肉"窜上餐桌，谁之过》的报道。报道称，有"80后"缉私人员在广西某口岸查处了一批比他年纪还大的"70后"冻肉。

7月9日，事情出现逆转。当晚，署名"食品安全资深记者洪广玉"的题为《剧情逆转的时候到了："僵尸肉"报道是假新闻》的文章在微信被疯狂转发。

7月10日，南宁市公安局回应，"'僵尸肉'的情况目前正在进行核实，现在无法轻率地作出结论，等结果出来后会向社会统一公布"。7月12日，国家食品药品监管总局通报，"在今年查获的走私冷冻肉品中，有的查获时生产已达四、五年之久，对所有查获的走私冷冻肉品，海关均依法予以销毁"。

（二）评述纲要

评述维度	关键句
媒体	媒体工作者要通过新闻报道还原事实真相。
公众	提高媒介素养，不被谣言所蛊惑。
政府	把好食品安全关，让公众建立对食品安全的信任。

（三）评述范文

近年来，食品安全问题频发，老百姓的切身利益受到伤害。为避免类似"僵尸肉"事件等再次发生，媒体、政府以及民众自身，都要担负起一定的责任。

首先，媒体人要有良好的职业素养和道德水准，做好新闻的把关人。假新闻既挑战着百姓的神经，也挑战着媒体人的职业道德。近年来，食品安全问题一直都是国人关注的重点，也许正因如此，才会让少数媒体工作者为博眼球而炮制这类假新闻，诸如"牛肉膏""皮革奶"等。据了解，在近几年的假新闻中，有近六成跟食品安全相关。假新闻进一步加重了民众对食品问题的恐惧。所以，各方媒体有必要制定严格的新闻真假甄别制度以及奖惩制度。作为新闻人，对于新闻的准确性要有所掌控，特别是对于某些词义含糊的新字眼，如"僵尸肉""牛肉膏"等，一定要作出准确的说明，让受众可以更好地理解。

其次，公众要提高自身媒介素养，对此类骇人听闻的假新闻保持足够的戒心。尽管此次"僵尸肉"事件后来被证实为假新闻，但民心已被扰乱。从苏丹红到三聚氰胺，从"皮鞋胶囊"到"僵尸肉"，国人对食品安全问题的担忧从未停止。作为一名消费者，在担忧之余还要学会维护自己的权益。在购买食品，尤其是购买生冷食材时，尽量选择新鲜的，且一定要到正规干净的超市或市场摊点进行购买；在采购后，要有意地留下小票等购物凭证，一旦发现食材有问题便果断投诉，大胆维护自己的权益。

最后，最重要的是国家要把好食品安全关，重建民众对食品安全的信任，让谣言失去生存的土壤。《食品安全法》的修订最关键的一条就是要加大对食品安全违规违法行为的惩处力度。可见，政府部门对食品安全的要求正不断提高。此外，执法公开是问题的关键，不仅可以起到杀一儆百的作用，让其他违法者看到制作和售卖劣质食材的严重后果，更能让国民了解在自己的权益受到侵害时该向哪些部门求助，如何求助，这样民众的利益才有制度的保障。

虽然食品安全问题仍有发生，但令人欣喜的是，中国近几年保障食品安全的行动力度正在不断加大。公众除了要有起码的防范意识外，也要对政府抱有信心，对于媒体上的新闻更要有识别能力。

六、快递实名制

（一）新闻回顾

2015年10月22日，中央综治办、公安部等多个部门决定，自当日起至2016年3月底，在全国范围内集中开展危爆物品、寄递物流清理整顿和矛盾纠纷排查化解专项行动,全国各地将全面强化寄递物流安全规范管理,寄递物流实名登记、寄运物品先验视后封箱、邮件快件 X 光机安检等安全管理制度也将被推动落实。

(二)评述纲要

评述维度	关键句
利	更好地限制违法违禁物品,保证快递的安全性。
弊	1. 增加个人信息和隐私被泄露的可能性。 2. 增加快递公司的运营成本、降低快递运送效率,甚至可能导致快递价格上涨。

(三)评述范文

最近几年,一些犯罪分子通过寄快递的方式进行违法犯罪活动,威胁着人民群众的生命和财产安全。因此,有关部门决定推行快递实名制。

一方面,快递实名制可以对违法违禁物品进行限制,保证快递的安全性。此前在南京市化工园区,一名工人从快件运输车卸载货物时被烧伤,全身多个部位出现大面积红肿。经推断,疑是因运输过程中荒酸二甲酯泄漏污染了快件,导致快递员受伤。广西柳州柳城县县城发生连环爆炸造成10人死亡、51人受伤,警方推断,爆炸是由多个装在快递包裹内的爆炸装置引发的。经调查,警方认定爆炸案系广西柳城县大埔镇33岁男子韦银勇所为,他因采石生产与附近村民、相关单位产生矛盾而制造了这起案件。韦银勇当场被炸身亡。可见,快递实名制有很强烈的现实需要。

另一方面,快递实名制仍有一些弊端。根据相关部门规定,快递实名制将在全国范围内推广,如何保护个人信息和隐私,成为网友们最关心的问题。一家大型门户网站的调查数据显示,高达七成的网友担心快递实名制会造成身份信息泄露。业内有分析认为,快递员职业道德水平参差不齐、法律和安全意识淡薄等问题的存在的确会给信息泄露留下空子,快递公司应严格挑选和培训快递人员。同时,收件人也应加强自我保护意识,及时销毁快递单上的个人信息,避免被不法分子利用。

此外,实施快递实名制是否会增加快递公司的成本,进而刺激快递费上涨,也让消费者担忧。快递公司为推行实名制,会对快递员进行培训并配置相关设备,收件员的工作强度也会增加,因此,快递公司可能要提高工资或加派人手等,都将增加企业的运营成本,从而刺激快递费上涨。

随着经济科技的发展,快递实名制已是大势所趋,但一项政策的推行需要经过时间和实践的检验,不断查漏补缺。我们期待快递实名制的健全与完善,也期待更加安全便捷的物流服务。

七、艺人高以翔录节目猝死

(一)新闻回顾

2019年11月27日凌晨,网上有人爆料,艺人高以翔在某节目录制过程中,突然晕倒,被送往医院抢救,到医院时,其瞳孔已经放大到边缘。遗憾的是,高以翔最终因抢救无效去世,年仅35岁。高以翔工作室随后发文确认高以翔去世的消息:"高以翔在11月27日的凌晨,于节目的录制过程中突然晕厥,经近三小时的急救后,不幸离开了我们,经纪人及工作团队一直陪伴在侧,家人已紧急赶往当地。"

(二)评述纲要

评述维度	关键句
主观	节目组和艺人忽视健康保障问题,片面追求刺激的节目效果。
客观	公共场所的急救设施不健全,出现意外未能及时施救。

(三)评述范文

高以翔的猝死引起娱乐圈的轩然大波,再一次把节目组、艺人牺牲健康安全追求节目效果的现实摆在公众面前。我认为,艺人应该有保障自身健康安全的意识,节目组应该有及时的急救措施,从源头上杜绝录制风险。我们要拒绝带血的综艺。

首先,节目组和艺人主观上忽视健康保障问题,片面追求刺激的节目效果。对此,演员黄磊表态,此事应该严厉向相关单位和个人问责,整个行业也应该自问自责。我十分同意黄磊的观点,录制具有一定危险性的综艺节目,艺人应该对项目设置进行安全评估,对自己进行体能测试,对应急保障措施进行确认。同时,过度、过险、过激、过劳都不该被描绘为敬业努力、用功拼搏,拿自己生命开玩笑的行为不值得提倡。

高以翔并不是第一个在节目录制中出现意外的艺人。此前,香港艺人吴镇宇的儿子在拍摄《爸爸去哪儿》的过程中眼角受伤,不仅视力受损,而且留下了永久性的伤疤。

因此,我认为节目组应该担负起保障艺人生命安全的责任,拒绝"一切向收视率看齐",不因片面追求刺激的节目效果而牺牲艺人的健康。

其次,高以翔事件在客观上也表明,我们的公共场所紧急救助设施不够完善。事故现场的目击者称,高以翔猝死现场基本没有应急救援的器械和相关环境。我们该怎样快速完善公共场所救助设施?这是各方都需要思考的问题。

最后,作为民众的我们,除了认真学习急救知识之外,还应该提升自己的审美品位,对那些一味追求刺激而枉顾艺人安全的节目坚决说不。只要我们坚决抵制"带血的综艺",它们就没有生存的空间。以良币驱逐劣币,促使综艺行业回归正常。

总而言之,希望艺人高以翔的离世,能够换来综艺节目组对艺人生命安全保障的重视,希望此类悲剧不再重演。

第三节 相关练习 >>>

一、如何看待校车安全问题

第一段:内容叙述+评述主题_____

_____。

第二段:关键句_____。

论据(_____)。

第三段:关键句_____。

论据(_____)。

第四段:关键句_____。

论据(_____)。

第五段:总结句_____

_____。

二、如何看待上海踩踏事件

第一段:内容叙述+评述主题_____

_____。

第二段:关键句_____。
论据(   )。
　　第三段:关键句_____。
论据(   )。
　　第四段:关键句_____。
论据(   )。
　　第五段:总结句_____
_____。

三、如何看待福建泉州欣佳酒店重大坍塌事故

　　第一段:内容叙述 + 评述主题_____
_____。
　　第二段:关键句_____。
论据(   )。
　　第三段:关键句_____。
论据(   )。
　　第四段:关键句_____。
论据(   )。
　　第五段:总结句_____
_____。

四、如何看待个人信息泄露

　　第一段:内容叙述 + 评述主题_____
_____。
　　第二段:关键句_____。
论据(   )。
　　第三段:关键句_____。
论据(   )。
　　第四段:关键句_____。

论据（　　　　　　　　　　　　　　　　　　　　　　　　　　　　）。
　　　第五段：总结句_____
_____。

五、如何看待住房消防隐患

　　　第一段：内容叙述 + 评述主题_____
_____。
　　　第二段：关键句_____。
论据（　　　　　　　　　　　　　　　　　　　　　　　　　　　　）。
　　　第三段：关键句_____。
论据（　　　　　　　　　　　　　　　　　　　　　　　　　　　　）。
　　　第四段：关键句_____。
论据（　　　　　　　　　　　　　　　　　　　　　　　　　　　　）。
　　　第五段：总结句_____
_____。

六、如何看待甘肃山地马拉松事件

　　　第一段：内容叙述 + 评述主题_____
_____。
　　　第二段：关键句_____。
论据（　　　　　　　　　　　　　　　　　　　　　　　　　　　　）。
　　　第三段：关键句_____。
论据（　　　　　　　　　　　　　　　　　　　　　　　　　　　　）。
　　　第四段：关键句_____。
论据（　　　　　　　　　　　　　　　　　　　　　　　　　　　　）。
　　　第五段：总结句_____
_____。

七、如何看待滴滴打车全程录音功能

　　　第一段：内容叙述 + 评述主题_____

_____。

　　第二段:关键句_____。
论据(_____)。
　　第三段:关键句_____。
论据(_____)。
　　第四段:关键句_____。
论据(_____)。
　　第五段:总结句_____
_____。

八、如何看待全民接种新冠疫苗

　　第一段:内容叙述+评述主题_____
_____。
　　第二段:关键句_____。
论据(_____)。
　　第三段:关键句_____。
论据(_____)。
　　第四段:关键句_____。
论据(_____)。
　　第五段:总结句_____
_____。

第四节　《新闻1+1》评析 >>>

水中武汉,水中湖北,如何防汛?

　　自然灾害时常发生,与人们的生命财产安全息息相关。《新闻1+1》2016年7月6日播出的节目对武汉特大洪水事件进行分析,针对应如何防汛提出了建议。这种"摆事实—说原因—提建议"的架构同样适

用于其他灾害事件的评述。此架构虽然中规中矩,但能清楚地解释来龙去脉,也可体现深度,属于比较稳妥的评述结构。此外,本期节目中运用的元素很多元,包括视频、图片、现场报道,十分具有借鉴意义。

板块	主题	内容	评析
一、导语	1. 开门见山点题	今天我们要关注防汛形势非常严峻的一座城市——武汉和一个省份——湖北。	简单明了,让听众迅速了解节目内容与层次。
	2. 插入人物故事,并利用视频还原现场	在关注这座城市和这个省份之前我们首先来关注一个人。 (1)关于这个人的视频在网上被大家广泛关注,牵动着很多人的心(阐明原因)。 (2)记录地是湖南怀化溆浦,当时一位参加抢险的武警战士被洪水冲走,他漂浮了大概两公里,到一个桥下面的时候,桥上的群众想要用绳子救他,但是洪水太急了,所以这位战士没能在桥下获救(对视频内容进行解说)。 (3)战士最终在下游成功获救(告知最新结果)。 (4)提醒武警战士们在挽救他人性命的同时要保护好自己,最后对所有的武警战士表达敬意。	从一个人物切入,有以下几处作用: 首先,可以引起大家的兴趣、制造悬念。这样的故事往往具有吸引力,大家会想这个人是谁?他发生了什么事?他和今天的主题又有什么联系?主持人可由此一层一层揭秘。 其次,该视频内容高度还原了现场,对人物故事的描述从侧面反映出防汛形势的严峻,与本期主题联系紧密。 再次,该名武警战士被广泛关注,因此他的消息也具有重要性。 最后,向所有抗洪的武警战士表达敬意,凸显人文关怀。

提示:在进行视频解说的时候,除了要清晰地阐述事件的来龙去脉外,还应注意对细节的挖掘,以及补充视频中无法体现的信息,如地点、背景等,增加解说的附加值。在选择视频时也应思考选择它有何意义与作用。

续表

板块	主题	内容	评析
二、关注武汉城：点面结合，既有整体又有局部，既有目前形势，又有对未来的评估和提醒	3.通过三张照片展现武汉整体受灾情况，总结受影响的区域	照片一：武汉地铁中南路站被淹，工作人员赤脚站在传送带上。 照片二：武汉火车站前变成一片汪洋。 照片三：武汉市城区道路被淹景象。 水情对武汉造成的影响：全市无法通行的路段达到178处，78条公交线路停运，长江隧道封闭，过江的汽轮、汽渡停航，武汉地铁2号线中南路、4号线武昌火车站、梅苑小区封闭，全市停课，启动排渍红色预警……	使用图片可以加强视觉效果，让受众直观感受现场，更有说服力，更加生动形象。主持人在解析图片时同样要注意细节，在图片排列上亦要讲究逻辑与层次。
	4.对个案进行详细描述。此处选取了受困的郊区群众与城市居民各一例	(1)武汉市蔡甸区消泗乡近两万村民连夜转移，武汉市公交集团调集了220台车，3000多名工作人员深入村户动员大家撤离。村民被转移到由一所高中充当的临时安置点，由于准备匆忙，有200多位村民只能在学校大礼堂过夜。 (2)武汉城区的很多居民也遭遇家中进水、急需转移的困境。消防员们只能利用橡皮艇帮助转移。一名早上外出买菜的居民买完菜后发现水已经及腰深。	
	5.现场连线，通过记者的现场报道来了解目前城市恢复进程以及日后要注意的问题	(1)问：武汉的恢复状况如何？ 记者从已经打开的隧道口、一旁摆放的挡水板和沙袋、水退后留下的淤泥、避险停靠的车辆、倾倒的垃圾桶等细节反映出这座城市离完全恢复还有一段时间，但争取在次日高峰期前令交通逐步恢复正常。 (2)问：有哪些细节令你印象最深？ 记者讲述了自己的切身经历，如来回路途的所用时长，乘坐的车辆在水中熄火，在水中推车等。由此思考：我们的市政管网、农房建设抗灾程度是否也到了提升的时间点。 (3)问：武汉未来的天气状况如何？ 天气持续转好，降雨已停止，明天将多云渐晴。值得关注的是，从后天开始天气将直接从暴雨跳到高温模式，很多退水区域可能进入最适合蚊虫滋生的时间段，所以在高温袭来的时候退水区域的卫生防疫和消杀同样需要高度重视。	出镜记者最重要的是在有效时间内传递丰富的现场信息，将自己目之所观、耳之所闻、身之所感加以组织传递给受众。 本期节目中的现场报道是很好的典范，记者在有限的空间内挖掘到很多细节信息，并将这些浅层信息有层次、有顺序地进行深入讲解；结合自己的所感所想，对新闻事件进行适当的评论。特别值得学习的是最后关于蚊虫滋生的防护提醒，透过对未来的合理预测来提醒人们需要对此加强重视，增加了报道的价值与意义。

续表

板块	主题	内容	评析
三、关注湖北省：从武汉市的水情过渡到湖北省，然后从表象与原因两部分来分析	6. 为什么武汉总是遭遇洪水？	（1）持续一周的降雨强度破历史纪录，一周降水超过武汉半年总降水量。 （2）武汉地下水网的排水系统排涝标准偏低。 （3）武汉从前湖泊的容积和面积大，如今水系减少很多，连通不畅。 （4）公路脆弱性增加，水渍很容易引起交通瘫痪。	分析自然灾害造成严重破坏的原因时，主要可看两方面：自然原因与人为原因。这里的自然原因主要体现在不可控，人为原因则是城市建设不完善。
	7. 湖北省受灾情况	一周以来武汉的遭遇也正是湖北全省的一个缩影，从6月28日起，湖北省启动防汛四级应急响应，五天时间里应急响应从四级提升到三级，又提升到二级。 强降雨过程造成湖北省17个市、80个县、1090.06万人受灾。 大雨之中，这些长江干流、支流的堤防需要严防死守，过去一周，湖北省共有2419.8公里的堤防线超设防水位，其中753.4公里超警戒水位，全省1939座水库超汛限水位。	从武汉到湖北，由小见大。第一句承上启下，接着运用大量的数据来论证观点。
	8. 总结湖北省洪涝灾害严重的原因	伴随梅雨季节而来的强降雨，让长江多条支流同时发生超历史、超警戒、超保证水位的问题，一些中小型水库和支流堤防成为今年最让人担心的薄弱点。	
四、提出建议，始终贯穿城市与省份的架构，从这两方面进行提醒	9. 提醒各个城市在未来遇到类似情况时该如何应对	（1）加强气象和水温预报。 （2）优化水利工程，加大排渍维修力度。 （3）加强防治责任人及责任制的落实。 （4）及时查险抢险。 （5）对长期超保证水位的地区应做好避险和撤离的准备，要坚决落实已制定好的防控预案。	提供建议可以从危机前、危机中、危机后三方面来考虑。危机前包括提高警惕意识、做好防护准备等。危机中则要制定解决方案、保持沟通渠道畅通。危机后相对错误进行改正反思，吸取经验教训。
	10. 在防汛期间面对中小支流、湖泊该如何做	因为中小河流和湖泊堤防标准比长江大流要低，如果长期超保证水位，一定要加强避险和专业队伍的抢险。	

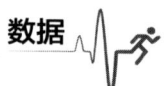

数据

1. 中国有62%的城市都遭受过内涝，都出现过或大或小的"看海"的状况。

2. 根据武汉市气象局的记录,过去七天 560.5mm 的累积降水量,已经突破了武汉自有气象记录以来的周持续降水量最大值。大雨、暴雨和特大暴雨接踵而至,即使武汉在三年前已经下决心投入 130 亿元治水,今天的武汉还是难以抵挡这历史罕见的强降水。

3. 据初步统计,截至 2016 年 7 月 6 日,长江中下游超警堤段长 6903 公里,较 4 日增加 896 公里,其中长江干堤 1719 公里、两湖堤防 1989 公里、其他支流堤防 3195 公里。自 6 月 30 日以来,五省各类堤防共计发生险情 973 处,其中长江干堤 5 处,洞庭湖、鄱阳湖区堤防 126 处,其他堤防 842 处。

——国家防汛抗旱总指挥部

经典语录

中国很多省份的名字与水相关,如湖南、湖北、河南、河北、江西、江苏、浙江等。曾经我们依水而居,但是每每出现汛情,水又会危及我们的生命财产安全。

第五章　教育类话题

教育有广义和狭义之分。广义上的教育,指影响人的身心发展的社会实践活动。狭义上的教育,指专门组织的学校教育。这里的教育类话题,是取其广义之意。教育包括教育主体、教育实践以及教育观念,因此,教育类话题也可分为这三大类。教育类话题与每个人、每个家庭息息相关,是每年高考的热点和重点之一。

关注度:★★★★☆

类型	分类		具体事例
教育类话题	教育主体	学校教育	校园暴力
		家庭教育	"我爸是李刚"案
		社会教育	留守儿童教育问题
	教育实践	学业	出国留学热、辅导班热、异地高考、中国留学生在哈佛大学毕业典礼演讲、高校教授公开称与学生断绝师生关系
		生活	高中生早恋
		就业	公务员热、大学生就业难
		德育	校园暴力、林森浩案
	教育观念	应试教育与素质教育	高分低能
		棍棒教育与怀柔教育	虎妈狼爸

第一节　解题方法 >>>

解题方法:不同责任主体切入法。

在教育类话题的即兴评述中,我们应抓住教育的几个基本主体——学校、家庭、社会和自身，或者老师、同学、父母、社会各界人士和学生自己，分析其承担的不同责任。

从教育的外在责任主体切入，首先想到的便是教师群体。古人云："师者，所以传道授业解惑也。"若教育领域的另一重要群体——学生犯了错误，外界必先联想老师是否有责任。除了学校教育，家庭教育也很重要。父母生养儿女，除了有保障其生命安全的责任外，亦有引领其成长的责任。比如，留守儿童自杀是否与亲情缺失有关？高中生早恋，父母应如何正确引导？当学校和家庭这两大教育主体已经尽了各自的责任，社会这一主体同样需要为前两者提供相应的保障。社会的舆论引导可能在教育实践领域产生不良影响，如"就业难"的问题部分源于大众的就业"观念"，比如死抱"专业对口"而不是定位于"一专多能"。社会教育对于教育事业有着极大的促进作用，在保障教育资源公平的前提下，可以提升学校教学水平，促进社会形成正确的教育观。

内在责任主体指受教育者自身，学习归根结底是自己的事情，每个人都要对自己的行为负责。一个人能取得学业上的成功，必然离不开自身的学习能力和学习兴趣。

第二节　案例分析 >>>

一、《小欢喜》热播

（一）新闻回顾

2019年，讲述高考备战的都市剧《小欢喜》热播。电视剧的主要内容是：三个有着备战高考的孩子的北京市家庭不仅面对着升学压力，更面对着亲子关系难题。恨铁不成钢的妈妈童文洁和"学渣"儿子方一凡之间因为学习成绩矛盾重重，爸爸方圆不得不左右调停；单亲妈妈宋倩对女儿乔英子的生活展开全包围式关切，误解和矛盾在不知不觉中悄然爆发；"空降"父亲季胜利和妈妈刘静的突然关怀，让从小被养在舅舅刘铮身边的季杨杨无所适从。人到中年的家长和即将成年的孩子，在高三这场重要的试炼中，克服生活设置的重重难题，在爱与理解中学会成长，迎来属于自己的"小欢喜"。

(二)评述纲要

评述维度	关键句
父母	父母对孩子的陪伴和理解尤为重要,家长应妥善处理亲子关系。
孩子	孩子的主观感受很重要。
社会	正确看待高考,"一考定终身"的观念需要更新。

(三)评述范文

高三是人生的重要阶段,考上一个好的大学,人生的轨迹就可能发生极大转变,这是电视剧《小欢喜》告诉我们的,这也是现实。高考固然重要,但无论是父母、孩子还是社会,都要正确看待高考,毕竟,高考并不是人生的全部,孩子的健康成长才最重要。

首先,在孩子的教育中,父母对孩子的陪伴和理解尤为重要,家长应该妥善处理亲子关系。在电视剧《小欢喜》中,季杨杨的爸妈因工作关系与他聚少离多,错过了陪伴他成长的机会,导致父子间关系冷淡,矛盾重重。后来,季爸爸及时认识到错误,主动与孩子改善关系。但是,在现实当中,很多父母并没有认识到这一点。他们以工作为借口把孩子丢给老人,逃避管教责任。又或者孩子在身边,但他们不是在看手机就是在看电视,并不与孩子沟通交流。这样的陪伴质量和效率很低,对孩子的成长极为不利。因此,我认为,对于孩子来说,好吃好穿都不如父母的好陪伴,父母应成为孩子成长路上的好伙伴。

其次,家庭教育的核心是孩子,孩子的主观感受很重要。在《小欢喜》中,乔英子是个"学霸",但是,她妈妈的性格较为强势,对乔英子过于关爱,这使得乔英子压力很大甚至喘不过气,母女关系也一度闹得很僵。这给父母们提了一个醒:教育孩子、关爱孩子很有必要,但不能以爱之名,试图掌控孩子的一切,让孩子变成自己的附庸,这并不利于孩子的成长。

最后,虽说教育的主角是父母和孩子,但是社会环境的引导作用也不容小觑。在现有的社会评价体系中,文凭是重要的敲门砖,好的教育背景是成功的助推力。要上好大学,就必须得重视高考,这无可厚非。同时,我们也要看到,如今社会日新月异,人生的可能性也越来越多,能考上好大学固然可喜,但是如果实在考不上大学,也有很多其他的发展机会。例如,方一凡天生有艺术细胞,能不能考虑换一条赛道呢?能不能通过艺术考试上大学呢?这都是家长要思考的问题。

总而言之,《小欢喜》热播,反映了整个社会对教育问题尤其是高考问题的关注,这当然是好事一件。同时,学校、家长和社会都应该从这些热议中看到问题所在,寻找适合孩子的发展道路,帮助孩子成长。对于孩子来说,健康的身心、健全的人格、良好的学习习惯与考上好大学同等重要。

二、高校教授公开称与学生断绝师生关系

可以先练习说新闻再说即评

(一)新闻回顾

2015年9月20日,中国人民大学历史学院教授孙家洲发布公开信,申明要断绝与其新招硕士生郝相赫的师生关系,原因是学生郝相赫在朋友圈发布的内容"居然对北大阎步克教授、人大韩树峰教授无端嘲讽"。该学生发表"情况说明"进行反驳,后又收回"情况说明",并进行道歉。校方表示将按程序处理。

(二)评述纲要

评述维度	关键句
学生	言辞轻率、口出狂言,对老师极不尊重。
老师	应以包容的心去对学生,宽待争议。 学子出现失误,应该给予关怀和纠正,对其加强道德教育。
师生关系	亦师亦友的良性师生关系才会使学术发展充满生机和动力。

(三)评述范文

硕士新生在朋友圈对素未谋面的史学教授出言不逊,导师再三劝诫无果,一封"公开信"解除师生关系。通过教授与学生之间的矛盾冲突,我们可以一窥部分高校的研究生教育现状。

一方面,学生言辞轻率、口出狂言,对老师极不尊重。该学生对学术前辈"无端嘲讽",违背了孙家洲教授"师生之交首重道义"的原则。学生在朋友圈公开地用不文明用语评价教授,不仅反映出他学识尚浅,也表现出其修养有待提高。

另一方面,老师应该以包容的心去对待自己的学生,在学术界,有争议才更能碰撞出火花。新招研究生在学术评议中表现轻狂甚至有点偏激,导师可以适当对其进行批评教育,多一分理解和宽容,而不一定要做到断绝师生关系的地步。不可否认,孙教授严谨的态度值得称道,但公开断绝关系也有失导师水准,导致双方都没有台阶下,少了点温暖的道义关怀。孙教授公开称与学生断绝师生关系,不仅忽视了学生的学习权益和未来发

展,而且客观上将此事激化升级为公共事件,给学校、老师和学生都带来消极的影响。老师和学生应该站在平等的地位上进行学术上的探讨,成为学术道路上的异代同行者。

我认为,这个热点事件会很快过去,但是,这段师生公案折射出的国内高校研究生教育所存在的问题,一时很难得到解决。作为学生,尊师重道是应有之德,出言不逊实为不该。作为老师,对学生应该兼容并包,学生支持权威的观点也好,坚持"独立之精神,自由之思想"也罢,热爱学术的行为都是值得提倡的。研究生教育的核心目标是培育具有独立研究能力的学术人才,在教育过程中,导师不仅应做一个教导者,同时也应当一个懂得倾听学生意见的合作者。亦师亦友的良性师生关系才会使学术发展充满生机和动力。

三、中国学生身体素质教育

> 可以先练习说新闻再说即评

(一) 新闻回顾

截至 2020 年,全国学生体质健康不及格率:小学生 6.5%,初中生 14.5%,高中生 11.8%,大学生 30%。小学生的体质健康水平最高,但中小学生的肥胖率则超过了 10%。青少年体质健康状况也不容乐观。

早在 2014 年,教育部就印发了《高等学校体育工作基本标准》,其中规定"建立健全《国家学生体质健康标准》管理制度,学生测试成绩列入学生档案。毕业时,学生测试成绩达不到 50 分者按结业处理"。这也就意味着,体测不达标的大学生将无法获得毕业证。但在实际执行中,很多高校并不重视该规定。

教育部近日发布《关于进一步加强中小学生体质健康管理工作的通知》,强调着力保障学生每天校内、校外各 1 小时体育活动时间,明确了体育家庭作业制度,并提出让每位学生掌握 1 至 2 项运动技能。

(二) 评述纲要

评述维度	关键句
教育观念	传统教育观念忽视对学生身体素质的锻炼。
教育体制	应试教育体制使一切以高考为中心。
体育政策	我国的大众体育投入相对较少。

(三) 评述范文

"德智体美劳",相信这五个字很多人都耳熟能详。但在现实的教育中,我们有时更重视"德智"而忽视"体美劳",这直接导致学生体质严重下降。这当中,既有教育观念上的原因,也有教育制度和体育政策导向方面的原因。

首先,我国自古就有"万般皆下品,唯有读书高"的教育理念,这使得对学生身体素质的锻炼长期被忽视。有统计数据显示,30多年来,中学生长跑国家标准历经数次调整,总计下降了32秒。从这个调整当中,我们看到很多无奈。目前,我国许多中学仍存在"只重视分数,不重视健康"的问题,学校不仅大量占用学生的体育锻炼时间,甚至还撤走了很多本应供学生们锻炼使用的体育器械,减少了学生的锻炼时间和机会,其后果必然是学生体质下降。

其次,我国的应试教育制度使一切以高考为中心。从小学到高考前,所有影响学业考试的活动似乎都要做出让步。有鉴于此,国家提出了发展素质教育、加大体育课程比重的政策,目的是使学生全面发展。

再次,我国的大众体育投入相对较少。中国体育的"举国体制"师从苏联,由政府选拔和培养有天赋的运动员参加比赛,为国争光。其好处在于可以提升我国在国际体坛的地位,提升民族自信心。但是,相比较而言,我国对大众体育的投入较少,公共体育设施、场地不足,一定程度上影响了普通民众的体育锻炼热情。

最后,"身体是革命的本钱",没有强壮的体魄,孩子们也将失去学习的本钱。所以,我们不仅要培养学生对体育的兴趣,更要完善体育教学制度,加大对大众体育的投入,给学生充足的运动时间、场所以及器械等,从而提升孩子的体质。

四、高校毕业生就业压力大

(一)新闻回顾

2021年2月27日,国新办举行就业和社会保障情况新闻发布会。会上透露,预计2021年应届毕业生规模达909万人,相比2020年的874万人再创新高。加上还有不少往届未就业毕业生在求职,在国内外环境不确定因素增多的情况下,今年促就业的任务更重。

根据国家统计局的数据,2020年,在整体失业率下降的背景下,16—24岁青年的失业率持续上升,6月份环比上升0.6个百分点。其中,高校毕业生就业预期高,部分毕业生存在知识技能与市场需求错位的现象,毕业季到来后大量毕业生集中进入劳动力市场,就业压力更加突出。

(二)评述纲要

评述维度	关键句
家庭	父母的期望与社会上某些择业不公平现象不能决定毕业生的就业方向。
学校	专业设置与实际就业存在不契合的地方。
毕业生	不该眼高手低,除了学习专业技能外,更需要积累经验。
国家	提供更多的就业岗位,加大促进就业的力度。

(三)评述范文

"毕业即失业",随着大学毕业生越来越多,大学生就业越来越难。这其中的原因是多方面的,家庭、学校、毕业生自身以及社会都应该进行反思。

首先,父母的期望与社会上某些择业不公平现象不能决定毕业生的就业方向。从家庭角度来看,现在的大学生大部分是独生子女,父母的想法在很大程度上影响着他们的就业意愿。我认为,家长的意见固然重要,但也只能当作参考,自己的工作还是要凭自己的能力和爱好来选择,毕竟,鞋合不合适只有自己知道。此外,社会上存在的"潜规则""托关系"等不良风气,导致部分毕业生极端地认为:求职不是拼能力而是"拼爹",因而在择业过程中没有把主要精力放在提高择业能力、择业技巧上,而是想尽方法找关系,使自己失了初心。

其次,学校的专业设置与实际就业存在一些不契合的地方。从学校角度来看,第一,专业课程的设置不能适应社会的需要。第二,在专业调整过程中出现"跟风"现象,有些热门专业招生过多,造成人才过剩、供需失衡,影响毕业生就业。像能源方面、电子信息方面的专业毕业生常常"供大于求",但农学、考古学这些专业却人才缺失。第三,部分学校在人才培养上仍然存在重成绩轻能力、重学习轻创新、重授业轻传道等问题。因此,学校从专业设置、课程设置到培养理念均有改进空间。

再次,毕业生绝不能眼高手低,除了学习专业技能外,更需要积累经验。绝大多数大学生的职业能力不能满足用人单位的要求,相当一部分同学在校期间过于看重学习成绩,较少参加可以提升职业能力的社会活动,忽略了对职业能力的培养。此外,大学生的就业观念也有待转变,一味追求待遇好、收入高的"热门岗位"会导致就业期望和实际求职情况之间产生巨大落差。所以,毕业生们应及时调整就业心态,树立正确的择业观、竞争就业观以及职业平等观,全面提高自己的素质,努力提高自身实力。

最后,就业情况跟国家经济发展情况息息相关,受新冠肺炎疫情影响,我国高校毕业生就业面临多年少有的较大压力。虽然就业形势较疫情初期有所好转,但国内外环境复杂严峻,企业用工需求偏弱,失业率高位运行,总体就业压力仍然较大。政府及社会各界均应努力提供更多就业岗位,加大促进就业的力度。

五、父母花重金给孩子请全天家教

(一)新闻回顾

福州台江区的一位妈妈王女士花重金为上小学一年级的女儿请全职家教。打开互联网搜索页面,输入"天价家教"四个字,你会发现一长串与此有关的新闻。"万元月薪寻伯乐""十万年薪请家教""培养孩子考上名牌学校重奖百万",一个个充满诱惑的报价让不少人跃跃欲试。

(二)评述纲要

评述维度	关键句
主观	家长越来越重视孩子的教育,越来越舍得为教育投资。
客观	社会竞争越来越激烈,对人才素质的要求越来越高。 家长越来越忙,顾不上孩子。
父母责任	再好的家教也无法代替父母的爱。

(三)评述范文

福州的一位妈妈花重金为一年级女儿找家教,这种现象值得我们深思。

从主观上来说,家长越来越重视孩子的教育,越来越舍得为教育投资。我认为,愿意出高薪聘请家教是一种个人选择,也是家长重视教育的体现,舍得在孩子的教育上花钱,其实也是一种社会进步。

从客观上来说,一方面,社会竞争越来越激烈,对人才素质的要求越来越高,家长花高价来培养孩子是无可厚非的。另一方面,有些家长由于工作太忙没有时间和精力管教孩子,有些家长由于自身文化程度不高不能很好地辅导孩子。但是,孩子必须从小养成良好的学习习惯,这不能耽误,家长聘请有教育经验的老师来帮忙,其实也是对孩子负责任的表现。

但是,再好的家教也无法代替父母的爱。请个高价家教或许能提高孩子的学习成绩,让他名列前茅,但父母对孩子的爱和陪伴却是高价家教无法给予的。陪伴孩子是父母应尽的责任,如果因为工作忙而忽视了跟孩子的交流,只会与孩子越来越疏远。同时,教育的主体是孩子,他们的成长有自身的独特过程和规律,无论是高价的家教还是低价的家教,都应该尊重孩子的个性,尊重孩子的学习感受,如果家长强行花高价聘来一个强迫孩子学习的家教,不仅会给孩子造成思想压力,而且容易使其产生逆反心理。

总之,高薪聘请家教是家长个人的选择,无可厚非,但家长在注重孩子学习成绩的同时,也应关心陪伴孩子。

六、中国留学生在哈佛毕业礼上演讲

(一)新闻回顾

2016年5月26日,何江站在哈佛大学毕业典礼的演讲台上,作为哈佛研究生优秀毕业生代表进行主题发言。

(二)评述纲要

评述维度	关键句
外因	家庭环境的积极影响。
	学校教育的积极影响。
内因	自身的觉悟与努力。

(三)评述范文

究竟是内因决定外因,还是外因决定内因?我想,这个问题的答案是很清晰的,而何江的故事再次证明了这一点:内因起决定作用,外因通过内因起作用。

首先,家庭环境对何江的学业有着积极影响。何江家在湖南的农村,父母是当地的农民,虽然家庭经济条件一般,但他的父母相信知识就是力量,并且坚定地认为:不能为了挣钱让孩子成为留守儿童。这样的成长环境,使何江相信"读书改变命运",也使他在毕业演讲选拔中脱颖而出。

其次,学校良好的教育,让何江一步一步走向成功。何江坦言,哈佛最吸引他的地方正是其文理结合、充满创新的氛围。他很早就意识到,只搞科研不注重实践很难有出路,所以他也经常去哈佛商学院听关于经济和商业的讲座。

最后,家庭环境、学习资源等外界因素固然很重要,但最关键的还是自身的觉悟和努力。何江上高中后深感自己的英语水平与城里孩子差距很大,他买来英文书籍在宿舍"啃",遇到读不懂的地方,就在书本旁边进行大段标注。到了哈佛,他主动申请做本科生辅导员,这让他的英语表达方式很快从"中式"转到了"美式",也让他结交了很多思维活跃、充满创新意识的年轻人。最终,他凭借自己的实力,成功登上哈佛大学毕业典礼的演讲台。

总而言之,我们从何江的故事中可以看出,一个人的成功离不开家庭环境与学校教育的影响,但最重要的还是自身的觉悟与努力。

七、河南某大学生网贷负债自杀

(一)新闻回顾

河南牧业经济学院大二学生郑某因迷恋足彩,输光生活费,开始通过网络借贷买彩票,继而冒用他人身份并请求同学帮忙借贷,欠下60多万元债务,无力偿还。2016年3月9日晚,郑某在微信群里留言后跳楼自杀。

(三)评述纲要

评述维度	关键句
学生	应树立正确消费观念。
家庭、学校	加强网络贷款安全教育。
社会	对网络借贷平台加强监管,出台相应的法律法规。

(三)评述范文

随着互联网金融的兴起,网络借贷平台也迅速发展起来。对于大学生来说,这是一把双刃剑:一方面,它给大学生提供了很大便利,为其创业、投资、消费等活动提供资金;另一方面,它又很容易助长大学生的欲望和虚荣心,使其无法抵御诱惑,最终酿成悲剧。我认为应该从多方面入手规范校园网贷,避免此类悲剧再次发生。

首先,在这个充满诱惑的社会里,大学生应该对自己的经济实力有清楚的认识,做一名理性的消费者,树立正确消费观。由于大学生生活经验不足,缺乏防范意识,面对各种各样的物质诱惑,在没有固定收入来源的前提下很容易选择低门槛的网络借贷来满足消费欲望。

其次,家庭和学校应该"双管齐下",对大学生进行网络贷款安全教育。目前,很多校园都存在"奢靡""攀比"的不良风气,这对学生消费观的养成有不好的影响。另外,一些学生在成长过程中很少从家庭中获得理财教育,金钱意识淡薄。家庭和学校应把培育理性消费观当作大学教育的重要内容,引导学生科学消费、理性消费,恰当处理金钱和欲望的关系。有了科学、正确的消费观,学生们自然不会去咬校园网贷的"鱼饵"。

最后,网络借贷平台应加强自身建设,严格审核用户身份,了解用户借款动机,确认用户是否具备还款能力。各级监管部门也应当加强对网络借贷平台运营业务和风控措施的有效监管,完善相应的体制机制,出台相应的法律法规,规范互联网金融市场。

尽管郑同学的自杀是极端个案,但众多网贷平台纷纷到高校"跑马圈地",大学生网贷消费的现象并不少见。为避免类似悲剧再次发生,学生、学校、家长以及社会都必须有所行动。

第三节 相关练习 >>>

一、如何看待主持人到高校任职

第一段:内容叙述+评述主题＿＿＿＿＿＿＿＿＿＿＿＿＿＿＿＿＿＿＿＿＿＿＿

＿＿＿＿＿＿＿＿＿＿＿＿＿＿＿＿＿＿＿＿＿＿＿＿＿＿＿＿＿＿＿＿＿＿＿＿。

第二段:关键句＿＿＿＿＿＿＿＿＿＿＿＿＿＿＿＿＿＿＿＿＿＿＿＿＿＿＿＿＿。

论据(＿＿＿＿＿＿＿＿＿＿＿＿＿＿＿＿＿＿＿＿＿＿＿＿＿＿＿＿＿＿＿＿)。

第三段:关键句＿＿＿＿＿＿＿＿＿＿＿＿＿＿＿＿＿＿＿＿＿＿＿＿＿＿＿＿＿。

论据(＿＿＿＿＿＿＿＿＿＿＿＿＿＿＿＿＿＿＿＿＿＿＿＿＿＿＿＿＿＿＿＿)。

第四段:关键句＿＿＿＿＿＿＿＿＿＿＿＿＿＿＿＿＿＿＿＿＿＿＿＿＿＿＿＿＿。

论据(＿＿＿＿＿＿＿＿＿＿＿＿＿＿＿＿＿＿＿＿＿＿＿＿＿＿＿＿＿＿＿＿)。

第五段:总结句＿＿＿＿＿＿＿＿＿＿＿＿＿＿＿＿＿＿＿＿＿＿＿＿＿＿＿＿＿

＿＿＿＿＿＿＿＿＿＿＿＿＿＿＿＿＿＿＿＿＿＿＿＿＿＿＿＿＿＿＿＿＿＿＿＿。

二、如何看待高中生早恋现象

第一段:内容叙述+评述主题＿＿＿＿＿＿＿＿＿＿＿＿＿＿＿＿＿＿＿＿＿＿＿

＿＿＿＿＿＿＿＿＿＿＿＿＿＿＿＿＿＿＿＿＿＿＿＿＿＿＿＿＿＿＿＿＿＿＿＿。

第二段:关键句＿＿＿＿＿＿＿＿＿＿＿＿＿＿＿＿＿＿＿＿＿＿＿＿＿＿＿＿＿。

论据(   )。
　　第三段:关键句_____。
论据(   )。
　　第四段:关键句_____。
论据(   )。
　　第五段:总结句_____
_____。

三、如何看待中国留学生演讲赞美国"空气香甜"

　　第一段:内容叙述+评述主题_____
_____。
　　第二段:关键句_____。
论据(   )。
　　第三段:关键句_____。
论据(   )。
　　第四段:关键句_____。
论据(   )。
　　第五段:总结句_____
_____。

四、如何看待"高考状元"被热捧现象

　　第一段:内容叙述+评述主题_____
_____。
　　第二段:关键句_____。
论据(   )。
　　第三段:关键句_____。
论据(   )。
　　第四段:关键句_____。
论据(   )。

第五段：总结句_____
_____。

五、如何看待吴谢宇弑母案

第一段：内容叙述 + 评述主题_____
_____。

第二段：关键句_____。
论据(   )。

第三段：关键句_____。
论据(   )。

第四段：关键句_____。
论据(   )。

第五段：总结句_____
_____。

六、如何看待疫情期间的网络直播课

第一段：内容叙述 + 评述主题_____
_____。

第二段：关键句_____。
论据(   )。

第三段：关键句_____。
论据(   )。

第四段：关键句_____。
论据(   )。

第五段：总结句_____
_____。

七、如何看待苏州大学"一元钱奖学金"

第一段：内容叙述 + 评述主题_____
_____。

第二段:关键句_____。
论据(　　　　　　　　　　　　　　　　　　　　　　　)。
　　第三段:关键句_____。
论据(　　　　　　　　　　　　　　　　　　　　　　　)。
　　第四段:关键句_____。
论据(　　　　　　　　　　　　　　　　　　　　　　　)。
　　第五段:总结句_____
_____。

八、如何看待大学毕业生"慢就业"

　　第一段:内容叙述+评述主题_____
_____。
　　第二段:关键句_____。
论据(　　　　　　　　　　　　　　　　　　　　　　　)。
　　第三段:关键句_____。
论据(　　　　　　　　　　　　　　　　　　　　　　　)。
　　第四段:关键句_____。
论据(　　　　　　　　　　　　　　　　　　　　　　　)。
　　第五段:总结句_____
_____。

第四节　《新闻1+1》评析 >>>

在线授课,为何大行其道?

　　《新闻1+1》2016年3月29日的节目选取教育领域中的新兴现象——在线授课为探讨对象,不仅详细剖析了在线授课本身,还将其与传统线下教育进行对比,并由此反映出这一现象背后深藏的教育资源问题。在评述与教育相关的话题时,我们可以设法从几大主体入手:学生、老师、家长、与教育行业相关的投资者等,以理清思路。另外,还可重点关注节目主持人在探讨新

兴事物时采用的逻辑结构及论述方式,如从个例引出现象、将新旧事物进行类比、从表面现象牵出深层问题等。

板块	主题	内容	评析
一、以一个具体事件为线索将在线授课这一现象引出,以小见大(较为常见的点题方法)	1.梳理事件(5W1H)	这两天(When)在网络上(Where)一个在线课程辅导老师(Who)的课程培训清单(What)引起大家关注。该老师的高收入让人惊讶(Why)。 以第一节课为例,一节课是9元,现在有2617人购买,除去网络平台收取的20%,该名老师一小时内的收入为18,842元(How)。 发出疑问: 这是怎样的一个新的领域?为什么很多孩子会选择这样一种方式去上课。	开头简洁:将非重要因素用一句话带过。 对关键因素进行详细解释,让叙述变得有层次、有重点,详略得当。 抛出人们最关心的问题,设置悬念抓住观众,设置的问题结构实质上也就是整个评述的结构。
	2.分析事件	(1)分析收入:1小时赚18,842元的确很高,1节课1个人的收费为9元,并不算很贵。 (2)总结原因:收入高是因为很多孩子选他的课,一方面说明他教学能力不错,另一方面说明教学内容与高考内容紧密相关。 (3)分析问卷调查数据并得出结论:新的教学形式出现,得到相当多人的支持。	从关注焦点(该老师的收入)入手,理性分析原因,并根据原因展开延伸说明,让内容更加丰富,也便于观众理解。 运用问卷调查数据,可使论述更有力,同时也要对数据进行总结,才能让观众更好地接受信息。
二、关注线上教育本身,对此进行深入分析(解答第一问题:这是怎样的一个新的领域?)	3.阐述线上教育的老师与在线平台的合作模式,以及平台在师资方面的审核标准	(1)平台教师构成(3类):线下专职从事教育培训的老师、辅导学校的专职任课教师、来自公立学校的公职教师。 (2)合作模式:老师可自由注册加入,经过平台审核上线后才能被学生自主选择,上线前平台会对老师进行培训,上线后会有淘汰机制。上完课学生对老师给予即时评价,通过市场化手段帮助学生和家长作出判断。 (3)平台对教师有严格的资格审查和准入制度,会审查老师的教育背景(如必须为211、985高校本科以上学历)。	

续表

板块	主题	内容		评析
	4.与线下教育相比较体现线上教育的优势（通过对公职老师史金霞的采访得出）	(1)线上授课符合"互联网+"这一大的趋势。		分析线上教育的优势时运用了不同主体切入法，从与教育密切相关的学生和老师两大主体入手，分别论述线上教育对于他们而言有何好处。在对不同主体的论述中，又使用了类比法，将线上教育与线下教育做对比，从而体现线上教育的优势。
		(2)学生角度：学习更方便有效，资源更丰富。		
		在线下教育中，学生没有选择权，有固定的自然班、配备的老师与课程安排；线下教育是即时性的。	在线上教育中，学生拥有自主选择权，可以不受班级局限、学校局限、地域局限，实现资源共享，可以无限回放课程。	
		(3)给老师更大的空间和自由。		
		线下教育连接现实，老师需要关注班上学生考试考多少分、高考考多少分。	线上教育能激发同学们的阅读兴趣，老师能带领他们体会经典作品的美，这些在线下教育中会受到很多限制，无法充分展开。	
	5.解释公职老师线上授课与教育部的规定有无冲突	(1)教育部在2015年7月6日公布《严禁中小学和在职中小学教师有偿补课的规定》：严禁在职中小学教师参加校外培训机构或其他教师、家长、家长委员会等组织的有偿补课。 (2)解释：教育部的规定没有考虑到线上教学这一情况，主要针对线下课外辅导班。因此暂无线上授课的相关规定。		在前面提到的三类老师中选取了最有争议的公职教师进行解读，引用教育部相关规定，将人们还不清楚的但存有疑问的点解释清楚，增加评述的价值。
三、探讨背后的深层原因：为什么这么多学生选择线上教育？现在的教育资源出现了怎样的问题？	6.实际反映出的问题：缺乏有效供给带来的教育需求矛盾	(1)点：当"互联网+"连接教育行业，背后演变成巨大的市场需求。互联网教育释放的只是教育市场巨大需求的一小部分。 (2)面：频频见诸媒体的天价学区房、幼儿园报名家长凌晨排队、出国低龄化、进城务工人员子女没办法得到教育机会等新闻反映一个现实——教育需求与有效供给之间存在脱节。		点面结合，通过联系思维，将不同的新闻事件与线上教育联系在一起，归纳提炼出它们的共性：都是教育需求和有效供给脱节的产物。
	7.对教育资源出现的问题提出建议	(1)教育要打开思路，让更多高品质教育进入公办教育。培训教育机构、互联网之间有可能彻底打通，都成为教育资源的提供者。 (2)教育应该鼓励选择，让学生有选择才能倒逼教育提升品质。		

续表

板块	主题	内容	评析
四、总结	8.一句话提炼全篇内容,并针对线上教育的可持续发展提出建议	中心句:从在线辅导教育可以看到人们对多元的教育方式的需求,(这)也是对线下教育的一种不满足。 线上教育这种形式值得鼓励,但内容还需要革新,目前还停留在应试教育层面,没有摆脱思维束缚,仍在以应试的思维进行"互联网+"。"互联网+教育"并非只是将互联网简单覆盖在教育上,而是教育本身要发生变化,才能更好地利用互联网。	总结分为两部分:第一部分对前文内容进行整体概括,令论述结构紧凑严密;第二部分进行升华,运用批判思维对有关线上教育的讨论进行总结,并由此对"互联网+教育"的合理运用发表见解。 总结的时候简洁有力,提出让人眼前一亮的观点。

经典语录

我们说任何事物的勃兴,背后反映的都是一种迫切的需求。我们总说教育改革非常难,但是在举步维艰的路上,只要你走的方向对了,总能到达希望的彼岸。

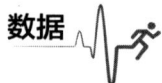
数据

1.在线调查

(1)是否支持在线辅导这样的方式?

支持(61%)

支持,但不支持公职老师任教(18%)

不支持(21%)

(2)是否会选择在线辅导课程?

会选择(73%)

不会选择(27%)

(3)你选择在线辅导课程的理由是什么?

方便、快捷、可自由选择(46%)

弥补线下课程和师资的不足(23%)

价格合适、性价比高(22%)

跟风,大家都上我也上(9%)

2. 中国互联网教育市场的规模目前正以每年30%以上的速度增长,2015年首次超过1600亿元,2022年将突破1万亿元。

第六章　道德类话题

道德是社会意识形态之一,是人们共同生活及其行为的准则和规范。道德通过社会的或一定阶级的舆论对社会生活起约束作用。道德观不是天生的,人类的道德观念是受到后天的宣传教育及社会舆论的长期影响而逐渐形成的。中国自古以来就重视道德对国家管理、社会管理和人们生活的导向作用,德治与法治一样,是重要的治国手段。

道德类话题与人民群众的生活尤其是精神生活息息相关,产生的争议也较多,考生不应忽略。

关注度:★★★★☆

	分类	具体事例
道德类话题	提倡类	学习雷锋、一方有难八方支援、城管微笑执法、文明出境游、光盘行动、冰桶挑战
	批评类	女司机被打、中国式过马路、郭美美事件
	争议类	让座纠纷、陈光标式的慈善

第一节　解题方法 >>>

解题方法:不同情境(情—理—法)分析法。

因为人们具有不同的道德观念,所以对一些事件有自己的道德评价。评述道德类话题,我们可以区分其在不同情境下的合理性。比如,从情、理、法这三个角度切入。于情理,自己遇到这种事情的第一反应是什么?学会换位思考。于道理,当事人的行为究竟恰不恰当呢?于法律,当事人的行为是否触犯法律?这样一来,对于关乎道德的话题,我们便可以有一个较为客观的评价。

第二节 案例分析 >>>

一、"常回家看看"的现实问题何以解决？

（一）新闻回顾

《中华人民共和国老年人权益保障法》第十八条规定：家庭成员应当关心老年人的精神需求，不得忽视、冷落老年人。与老年人分开居住的家庭成员，应当经常看望或者问候老年人。

（二）评述纲要

评述维度	关键句
情	赡养老人、孝敬老人是中华民族的传统美德。
理	不少人做不到"常回家看看"。
法	相关标准难以衡量，执行难度大。

（三）评述范文

"常回家看看"成为法律法规？不少人可能为此叫好，然而我认为，这一法律规定可能带来一些新的问题。

首先，赡养老人、孝敬老人是中华民族的传统美德，现代人理应继续弘扬这种美德。但是，如果将"常回家看看"规定为法律义务，将这种美德由提倡、鼓励践行转为强制执行，似乎有些冷酷。在很多情况下，法律强制执行的尽孝行为缺乏温情。比如父母和子女产生巨大矛盾，法院调解要求子女每月回家看望老人一次，这会产生好的效果吗？

其次，"常回家看看"的道理我们都懂，但是目前很多人都做不到"常回家看看"，因为回家要付出相当大的经济和时间成本。如果大量的外出务工人员为了履行法律义务经常回家，额外花费路费和时间，这也许会影响他们的正常生活，使其承受更多的经济和精神压力。

最后，该法律虽好，但真正执行起来有一定难度。我认为，执行难主要体现在：第一，相关标准如何清楚衡量？三个星期不回家看望老人算违法，还是三个月不回家看望老人算违法？子女因为工作关系不能及时回家看望老人，是应追究其本人的责任，还是应追究其单位的责任？第二，如何保证执行？谁来执行？谁来监督？

总体来说，"常回家看看"立法存在较多道德、情理和法律难题，有待商榷。

二、老人摔倒，扶不扶？

（一）新闻回顾

2013年12月31日，河源市东源县漳溪畲族乡的吴伟青在驾驶摩托车的时候，路遇拄拐同向行走的老人周火仟，目击者称周火仟突然摔倒，在其前方的吴伟青回身搀扶，周却指认就是吴驾驶摩托车撞伤自己。第三天，在给亲友逐个打电话喊冤后，吴伟青跳塘自杀。

2014年2月，洛阳小伙扶起在商店买菜不慎摔倒的顾老太反被讹诈。后来监控录像还小伙以清白，老人家的女儿也称因母亲年纪大，摔倒后神志不清，没有讹诈别人的意思，恳请小伙原谅。

2015年7月，四川彭州一老人骑车不慎摔倒。一名路过的学生好心上前搀扶，却遭到老人诬陷。好在当地公安调取监控画面，为学生证明了清白。

2015年10月19日，支付宝联合华安保险推出的"扶老人险"上线开卖，保费3元，若用户在一年内因"扶老人"而被迫对簿公堂，最高可获2万元的法律诉讼费用，并获全年的法律咨询服务。

（二）评述纲要

评述维度	关键句
情	部分老人"恐惧花钱"。
理	嫁祸他人、讹诈他人始终是没有道理的。
法	嫁祸他人、讹诈他人涉嫌违法。

（三）评述范文

自南京彭宇案之后，近年来，扶摔倒老人反被讹诈的事件时有发生。不少网友调侃道"扶老人前，想想自己的工资够不够赔。"我认为，可以从情、理、法三个方面理解这个问题。

首先，从情感上，我们理解部分老人确实"恐惧花钱"。老人或许不太了解我国的基本医疗保障制度，一旦遇到意外，担心给自己和家里人带来巨大负担，所以，某些老人摔倒之后，总试图找人"买单"。同时，老人们普遍存在关于贫穷的集体记忆，哪怕到了物资充裕的时期，记忆中的"匮乏恐慌"还是会使他们试图占有尽可能多的物质资源。所以说，了解部分老人的生活背景，对理解此类事件有较大帮助。

其次，虽然情感上可以理解，但嫁祸他人、讹诈他人始终是没有道理的。老人摔倒了，路人出于道德义务施以援手，这本来是一件很正常的事，但顺势利用他人的善意则是可耻的。无论是一个人还是一个群体，无论是年轻人还是老人，互帮互助，互相信任，才能共同营造和谐的社会氛围。

最后，嫁祸他人、讹诈他人在一定程度上还涉嫌违法。如果老人虚假指控路人撞倒了自己，此时事件就上升为民事纠纷案件；如果这种指责对路人的精神和物质都造成了严重伤害，则极有可能构成诬告或者敲诈勒索。在现实当中，路人证明自己清白的最好武器是监控和目击者，假如这两样证据都缺失，路人就很难洗脱嫌疑。同时，执法者对老人也比较宽容，哪怕被证实为诬告也可以请求私下和解，这也间接地纵容了讹诈案件一再发生。因此，有专家呼吁完善法律，堵住漏洞，保护好人，惩治坏人。

当下的中国正处于经济高速发展的阶段，社会正处于转型期，各种社会问题频发。希望社会能够健全相关制度，让老人在摔倒后放心就医，也让"老人摔倒该不该扶"不再成为一个具有争议的话题。

三、让座纠纷

（一）新闻回顾

2021年6月15日，在北京地铁的一节车厢里，有一大妈要求年轻小伙让座，在小伙让座之后，大妈理直气壮地坐了上去，甚至还对小伙进行训话。大妈表示："不给老人让座，那是什么年轻人？他年轻，就应该让座。"

2019年8月20日，在湖南长沙的地铁上，一老年男子强行要求年轻女孩让座，在遭到拒绝后，直接动手将女子推开，并做出挥伞的动作，一直辱骂该名女子，女子最终报警。警方调查后得知，该名女子当时正值生理期，不舒服，所以没有让座。

2018年12月，浙江慈溪四年级小学生黄唯成了"网红"。他在慈溪293路公交车上，短短12分钟连续4次让座，如此暖心举动被同车乘客拍成视频，经人民日报微博转发后，引发网友广泛关注。

(二)评述纲要

评述维度	关键句
年轻人	理解不让座,"点赞"让座。
老人	不能动辄进行道德谴责,更不能动手打人。
资源	加强城市公共交通体系建设。

(三)评述范文

让座,本是一件极其简单的事儿,却在当代社会引发了各种各样的纠纷,随之引发的问题也超出我们的想象。回归最简单的让座,其实并没有那么难。

首先,从年轻人的角度来看,让座行为值得"点赞"。尊老爱幼是中华民族的传统美德,让座便是这一美德的表现。一般来说,在公共交通工具上,老人比年轻人更需要座位。但是,让座并不是强制性的,假如年轻人上班很辛苦,因劳累而不想让座,老人也应该给予理解。

其次,从老人的角度来看,应感谢为其让座的年轻人,也应该包容不让座的年轻人,而不应动辄进行道德谴责甚至大打出手,这本身是违法的。电影《搜索》有这样一个片段,女主角叶蓝秋因未给老人让座,经媒体曝光并被网友人肉搜索指责道德低下,但没有人知道她在公交车上正因自己身患淋巴癌而不知所措。如果年轻人有个人原因而不能让座,可以跟老人沟通,消除误解,而老人也应该尽力去体谅年轻人,避免上述矛盾再次发生。

最后,从更深的层面来看,有时道德的困境本质上还是源于物质的匮乏、资源的稀缺。大城市的公共交通是很重要的资源,尤其在上下班高峰期,莫说抢到座位,能挤上车就是万幸。因此,有关部门应大力发展公共交通,合理调配上下班高峰期的公交资源,让人们的出行变得舒适,使让座的成本降至最小。

四、冰桶挑战

(一)新闻回顾

冰桶挑战全称为"ALS 冰桶挑战赛"(ALS Ice Bucket Challenge),参与者先在网络上发布自己被冰水浇遍全身的视频,然后该参与者便可以要求其他人来参与这一活动。活动规定:被邀请者要在 24 小时内接受挑战,或者选择为对抗"肌肉萎缩侧索硬化症"（"渐冻症"）捐出 100 美元。该活动旨在让更多人知道这一罕见疾病，同时也达到募款帮助治疗的目的。

2014 年 8 月 23 日，应 NBA 中国总裁舒德伟点名邀请，姚明接受冰桶挑战，身高 2 米 26 的姚明被浇了 5 桶冰水。当冰桶挑战变成一项全民活动时，这项活动也被质疑变得娱乐化。对此，姚明认为，大家应该更加理性地来做这件事，关注公益本身，而不是那些抓眼球的举动。

（二）评述纲要

评述维度	关键句
反对	1. 这种慈善带有逼迫性质。 2. 浪费水资源。
赞成	1. 让一些社会名流参与可以提升募捐的效果。 2. 真正地理解和同情患者，做公益才会心甘情愿。 3. 活动让关注罕见疾病的人增多。关注本身也是一种力量。

（三）评述范文

冰桶挑战是之前较为流行的公益活动，有国内外许多知名人士参与并捐款，让"渐冻症"这一罕见疾病进入大众视野。但是，对于这一活动形式，有人提出反对意见，也有人鼎力支持。

一方面，从某种意义上说，"冰桶挑战"带有一定的逼迫性质。完成挑战的人在网络上公开邀请他人参与，似乎"站在了道德的制高点上"，促使被邀请者不得不作出回应，这是不是变相"逼捐"呢？此外，冰桶挑战确实也浪费水资源，已经有干旱地区通过抵制冰桶挑战以吸引人们关注旱情。

另一方面，冰桶挑战的确使"渐冻症"患者得到关注与帮助。慈善可以诉诸悲悯，让人因"受苦者皆为我辈"而伸出援助之手；也可以诉诸欢乐，让人因"嘿，这活动挺好玩、挺酷"而积极参与，进而施援。由于有不少社会名流参与，活动开始一个月，募集善款总额已超过 1 亿美元。更重要的是，这样的活动形式不仅能让大家体验冰水带来的麻木感，切实感受到"渐冻症"患者的痛苦，更点燃了无数人的慈善热情，引领更多人关心"渐冻症"患者。关注也是一种力量，让需要救助者得到帮助，让悲痛者感到温暖，活动形式在变，但善意永恒。

公益不是作秀，冰桶挑战只是一个引子，希望大家在讨论冰桶挑战的同时，不要忘记活动的初衷,更多地关心帮助患者。

五、教师节该不该给教师送礼?

(一)新闻回顾

2015年9月11日,有网友在无锡某论坛发图爆料,一位周姓老师在家长群中留言:"我斟酌了很久,要不要说,但是大家看看对比,不是我们老师要家长买什么,大家千万不要误会,但是如果一个教师教两个班,一对比,大家懂的。"留言下面附有一张照片,照片上是一些礼品袋,疑似是其教师节收到的礼物。12日下午,滨湖区教育局公布了处分通报,通报称:周某在2014年教师节期间,违规收受学生礼品。给予周某记过处分,对其停课停职,责令其作深刻检查,并退还所有收受的礼物。

(二)评述纲要

评述维度	关键句
现状	给老师送礼是在表达对老师的尊重,但在现实中却形成了一股不正之风。
影响	这种不良风气给家长、老师、学生带来负面影响。
提倡	回归教师节设立初衷,引导全社会形成尊师重教的风尚。

(三)评述范文

不知道从何时起,教师节送礼已经成为一种风气。尽管教育部已三令五申,要求教师廉洁自律、不准收受学生及家长的礼金、礼品等财物,然而,给老师送礼的风气已成,并不会因为教育部的一纸文件而消退,它的产生有其复杂的社会原因。

首先,给老师送礼已成"风气"。尊师重教,是一种优良品德,人们适当地表达对老师的尊敬之情,原本无可厚非。但是,随着送礼的家长越来越多,送礼的档次也越来越高,攀比现象严重,有些"土豪"家长甚至不惜花重金买高级化妆品等礼物来"取悦"老师,教师节变质为"送礼节"。由于市场需求太大,商家甚至设立了规模堪比春节、中秋节的"教师节专场"来销售礼品。教师节过后,回收各种礼品、礼品卡、购物卡也成了一门生意。这已经成了公开的社会现象。

其次,不良的送礼风气,给家长、老师、学生都带来了极大的负面影响。教师节送礼,破坏了教师节应有的意义和氛围,败坏了教师及教育行业的整体形象。对于家长而言,在送礼后甚至产生了这样的感受:送与不送是不一样的,送前与送后老师的态度有着天壤之别,送多与送少老师对孩子的反馈也不一样。这促使家长在下一个教师节花费更多的心思和金钱去送礼。对于老师而言,有很多老师因为本身薪资不高,面对家长拱手送上的厚礼无力抵抗。对于教师行业及教师本身来说,收下厚礼就已经违背了自己的职业道德,更别说有的老师因为收了厚礼偏心某个学生,这种做法更是让学生们从小对这些"歪门邪道"耳濡目染,长此以往将不利于孩子的健康成长。

最后,设立教师节的目的,是引导全社会形成尊师重教的风尚,送礼破坏了节日设立的初衷。对教师最大的尊重,莫过于全社会对知识的重视、对从业者的感恩、对教师工作价值的认可。但是,由于社会对教育缺乏真正的重视、足够的投入,教师的社会地位、权利待遇还时常面临诸多尴尬。如果真要给教师送礼,这礼不应该由家长来送,而应该由社会和国家来送。关注教师群体的生存状态,进一步提高教师地位,让他们备感师道尊严,这份礼物更值得期待。

总之,送重礼的背后,不是感恩,而是某种形式的"交易"。这种"交易"不但不是尊师重教,反而是对这个行业的侮辱。尊师重教应该"内化于心,外化于行",应对老师多一些发自内心的尊重和理解,多一点真心实意的服务和保障。

六、雷锋精神从未走远

(一)新闻回顾

2019年3月5日是第56个"学雷锋纪念日",这两天,全国各地开展了多种形式的活动,用实际行动传承雷锋精神,弘扬新时代正能量。在江苏句容市新村社区由18支志愿服务队组成的"志愿服务集市"上,志愿者们给社区居民进行理发、义诊、法律咨询等免费的志愿服务。

除了句容市,江苏省南京、镇江等地还开展了健康检查、心理咨询等志愿服务,用实际行动将爱心送到群众中去。

在甘肃兰州张掖路步行街,志愿者与现场市民同唱《学习雷锋好榜样》《我和我的祖国》等歌曲,在歌声中传递雷锋精神。同时,志愿者还在现场为市民讲解了心肺复苏等急救技能,并普及了安全用药知识。

在浙江杭州,"万朵鲜花送雷锋"活动如期举行。近20位各行各业先进典型代表担任活动形象大使,把鲜花和证书送到百姓推荐的民间"活雷锋"手中。

(二)评述纲要

评述维度	关键句
现状	急需面向社会重新强调雷锋精神的内涵。
民众	有权怀疑,鼓励行动。
社会	要通过切实的法制建设为雷锋精神保驾护航。

(三)评述范文

对许多人而言,雷锋不仅代表一种精神,更代表了美好的童年记忆——戴着红领巾做好人好事的那些简单、快乐、真诚的时光。成年后的我们,可能曾热心地给陌生人指路,可能曾在公交车上给老人或小孩让座,可能曾给寒风中的流浪者送热餐饭。我们愿意奉上这样的善良和热心,也许有种种原因,但细究根源,总可以追溯到童年的那些雷锋记忆。

首先,急需面向社会重新强调雷锋精神的内涵。每年三月,机关部门、社会团体、中小学校照例要掀起学雷锋热潮,然而,"雷锋叔叔没户口,三月里来四月走"这句民谣式的冷嘲,既有对学雷锋活动形式的质疑,也有对雷锋精神的轻慢。这种轻慢还包括对雷锋精神理解的狭隘化。雷锋精神本来包含爱国、助人、敬业、节俭等诸多中华民族的传统美德,但长期以来被简单化为"助人为乐"。

其次,从民众的角度,我们有权怀疑学雷锋活动的有效性,但如果因怀疑而放弃行动,我们将一无所获。雷锋精神的要义在于躬行。我们身边不仅有"感动中国"的人物,还有许多在大型灾害发生后火速驰援的志愿者,许多发起参与寒冬送棉衣活动、为山区孩子捐餐活动的网友,许多节假日仍坚守在自己的工作岗位上的工作者——这些平常人的平常行动,也许并未以雷锋精神命名,但都体现了奉献的力量。

最后,从社会的角度,倡导民众学雷锋固然需要,但更要通过切实的法制建设、道德建设引领社会风尚,要像保护风中的火苗一样,善待所有着眼于信仰重建的行动,只有这样,雷锋精神才能真正得到弘扬和传承。

第三节 相关练习 >>>

一、如何看待微笑挑战

第一段:内容叙述+评述主题_____

第二段：关键句＿＿＿＿＿＿＿＿＿＿＿＿＿＿＿＿＿＿＿＿＿＿＿＿。

论据（＿＿＿＿＿＿＿＿＿＿＿＿＿＿＿＿＿＿＿＿＿＿＿＿＿＿＿＿）。

　　第三段：关键句＿＿＿＿＿＿＿＿＿＿＿＿＿＿＿＿＿＿＿＿＿＿＿＿。

论据（＿＿＿＿＿＿＿＿＿＿＿＿＿＿＿＿＿＿＿＿＿＿＿＿＿＿＿＿）。

　　第四段：关键句＿＿＿＿＿＿＿＿＿＿＿＿＿＿＿＿＿＿＿＿＿＿＿＿。

论据（＿＿＿＿＿＿＿＿＿＿＿＿＿＿＿＿＿＿＿＿＿＿＿＿＿＿＿＿）。

　　第五段：总结句＿＿＿＿＿＿＿＿＿＿＿＿＿＿＿＿＿＿＿＿＿＿＿＿

＿＿＿＿＿＿＿＿＿＿＿＿＿＿＿＿＿＿＿＿＿＿＿＿＿＿＿＿＿＿＿＿＿。

二、如何看待中国式过马路

　　第一段：内容叙述＋评述主题＿＿＿＿＿＿＿＿＿＿＿＿＿＿＿＿＿

＿＿＿＿＿＿＿＿＿＿＿＿＿＿＿＿＿＿＿＿＿＿＿＿＿＿＿＿＿＿＿＿＿。

　　第二段：关键句＿＿＿＿＿＿＿＿＿＿＿＿＿＿＿＿＿＿＿＿＿＿＿＿。

论据（＿＿＿＿＿＿＿＿＿＿＿＿＿＿＿＿＿＿＿＿＿＿＿＿＿＿＿＿）。

　　第三段：关键句＿＿＿＿＿＿＿＿＿＿＿＿＿＿＿＿＿＿＿＿＿＿＿＿。

论据（＿＿＿＿＿＿＿＿＿＿＿＿＿＿＿＿＿＿＿＿＿＿＿＿＿＿＿＿）。

　　第四段：关键句＿＿＿＿＿＿＿＿＿＿＿＿＿＿＿＿＿＿＿＿＿＿＿＿。

论据（＿＿＿＿＿＿＿＿＿＿＿＿＿＿＿＿＿＿＿＿＿＿＿＿＿＿＿＿）。

　　第五段：总结句＿＿＿＿＿＿＿＿＿＿＿＿＿＿＿＿＿＿＿＿＿＿＿＿

＿＿＿＿＿＿＿＿＿＿＿＿＿＿＿＿＿＿＿＿＿＿＿＿＿＿＿＿＿＿＿＿＿。

三、如何看待深圳罗一笑事件

　　第一段：内容叙述＋评述主题＿＿＿＿＿＿＿＿＿＿＿＿＿＿＿＿＿

＿＿＿＿＿＿＿＿＿＿＿＿＿＿＿＿＿＿＿＿＿＿＿＿＿＿＿＿＿＿＿＿＿。

　　第二段：关键句＿＿＿＿＿＿＿＿＿＿＿＿＿＿＿＿＿＿＿＿＿＿＿＿。

论据（＿＿＿＿＿＿＿＿＿＿＿＿＿＿＿＿＿＿＿＿＿＿＿＿＿＿＿＿）。

　　第三段：关键句＿＿＿＿＿＿＿＿＿＿＿＿＿＿＿＿＿＿＿＿＿＿＿＿。

论据（＿＿＿＿＿＿＿＿＿＿＿＿＿＿＿＿＿＿＿＿＿＿＿＿＿＿＿＿）。

　　第四段：关键句＿＿＿＿＿＿＿＿＿＿＿＿＿＿＿＿＿＿＿＿＿＿＿＿。

论据(   )。
　　第五段:总结句_____
_____。

四、如何看待见义勇为

　　第一段:内容叙述 + 评述主题_____
_____。
　　第二段:关键句_____。
论据(   )。
　　第三段:关键句_____。
论据(   )。
　　第四段:关键句_____。
论据(   )。
　　第五段:总结句_____
_____。

五、如何看待光盘行动

　　第一段:内容叙述 + 评述主题_____
_____。
　　第二段:关键句_____。
论据(   )。
　　第三段:关键句_____。
论据(   )。
　　第四段:关键句_____。
论据(   )。
　　第五段:总结句_____
_____。

六、如何看待虐猫、虐狗事件

　　第一段:内容叙述 + 评述主题_____

　　　　第二段:关键句_____。
论据(　　　　　　　　　　　　　　　　　　　　　　　　　)。
　　　　第三段:关键句_____。
论据(　　　　　　　　　　　　　　　　　　　　　　　　　)。
　　　　第四段:关键句_____。
论据(　　　　　　　　　　　　　　　　　　　　　　　　　)。
　　　　第五段:总结句_____
_____。

七、如何看待炫富行为

　　　　第一段:内容叙述+评述主题_____
_____。
　　　　第二段:关键句_____。
论据(　　　　　　　　　　　　　　　　　　　　　　　　　)。
　　　　第三段:关键句_____。
论据(　　　　　　　　　　　　　　　　　　　　　　　　　)。
　　　　第四段:关键句_____。
论据(　　　　　　　　　　　　　　　　　　　　　　　　　)。
　　　　第五段:总结句_____
_____。

八、如何看待"道德绑架"

　　　　第一段:内容叙述+评述主题_____
_____。
　　　　第二段:关键句_____。
论据(　　　　　　　　　　　　　　　　　　　　　　　　　)。
　　　　第三段:关键句_____。
论据(　　　　　　　　　　　　　　　　　　　　　　　　　)。
　　　　第四段:关键句_____。

论据（_____）。

第五段：总结句_____
_____。

第四节 《新闻1+1》评析 >>>

集体哄抢，抢的是什么？缺的又是什么？

《新闻1+1》2015年8月27日播出的节目主要探讨集体哄抢的问题，其目的在于劝解引导人们。因此，主持人的语言十分接地气、具有亲和力，通过拉近与观众的距离进而实现劝导的目的。本期节目的特点在于使用了大量的案例素材，从中我们可以学习到如何对丰富的素材进行有条理、有层次的划分，如归纳同类素材、剖析重要素材、对比正反事例、延伸相关素材等。

板块	主题	内容	分析
一、开头：提出论点，并提供论据	1. 切入主题	今天我们要关注一个让我们所有人都感到脸红的一种行为。这种行为是什么呢？是抢。如果要说我们的一个重要的特色是"抢"，您会同意吗？其实仔细想想，我们可能会不管红绿灯，抢着过马路；我们可能会不管交通规则，抢着开车；我们可能会不管有人在排队，抢着加塞。这些行为说起来已经够让人生气的了，但它们还是轻的，因为跟我们今天要关注的"哄抢"相比，它们还算"文明"，当然这"文明"是加引号的。	设置悬念，引起观众兴趣，随即提出观点：生活中有一部分人喜欢"抢"，并注重与观众的互动。运用排比句进行举例，增强语言美感和说服力，选取身边随处可见的事例，容易引发共鸣。用对比法切入"哄抢"主题。
	2. 对一系列哄抢照片进行解说，论证上述观点	2015年8月25日，山东荣乌高速，有人疯抢小鸡仔。 2015年3月10日，江苏徐州，有人哄抢即将被销毁的伪劣商品。 2014年1月6日，湖南某高速，有人哄抢核桃。 2014年1月4日，兰州，有人抢橘子。 2013年11月13日，合肥，有人抢白鸽。 2004年1月6日，中原油田，有人抢原油。 说到现在您同意了吧，"抢"真是咱们的一个重要特色。接下来，我们关注几天前发生在河南的一件哄抢事件。	虽将图片简略带过，但仍介绍了重要信息：时间、地点、被哄抢的物品，再加以简短、幽默、辛辣的点评。 呼应开头观点，引出下文，起到承上启下的作用。

续表

板块	主题	内容	分析
二、挑选重要事例具体分析：从正反两方面的例子来看待哄抢事件，从中得出结论	3.反面事例叙述分析 (1)梳理事件	事件1：河南一辆满载苹果的货车侧翻，价值8万元的苹果被村民哄抢，最后车主只收回2680元钱。 事件2：山东一辆禽类运输车倾翻，数万只小鸡遭哄抢。 事件3：陕西勉县城区物流公司散落的硫矿粉被误认为黄金遭哄抢，造成近6个小时的交通拥堵。	除了前面案例所具备的要素，这三个案例叙述更为完整细致，开头、原因、过程、结尾俱全，甚至还设置了剧情反转。在事例叙述中，把故事说得生动很重要。
	(2)分析事件	第一，抒发个人感受：看完之后觉得应该气愤，结果我发现自己不是气愤，而是极其不好意思和非常难过，因为有的时候觉得这就是我们啊，我也在其中。 第二，针对事件关键片段进行辛辣点评。 第三，展现被抢者、哄抢者、警察三方的反应并进行简单评论。 第四，提出概念：什么叫哄抢？即许多人拥上去抢购或抢夺(财物)。 第五，引用治安条例和宪法条例来解释哄抢会造成的严重后果。	偶尔感性地表达自我情感也是拉近与观众距离的一种方式，同时能让人觉得评论者也是有血有肉有情的。 评论时可帮助观众回忆重点信息，并从中选出评述点。采用主体分析法，便于理清思路。 对模棱两可的概念进行解释说明。
		如何看待这样的行为？ 第一，从众心理，人身处这样的气氛中看到大家都在做，会不自觉地跟随，失去独立判断能力。 第二，哄抢者没有意识到该行为的严重性，认为抢几个苹果是小事，达不到警察立案的标准。	提问时将问题具体化，可在问题前截取些许案例片段，这样有画面感，也容易让人理解问题。在回答问题前主持人先问：苹果不值多少钱，还有两名警察站在旁边，可他还是要抢，为什么？
		哄抢行为不只发生在河南，在全国哪都存在，山东有、陕西有、甘肃有、湖南有。因此，再次强调我们每一个人可能都在其中，这个时候需要的是脸红着反省。但是，中国人口众多，既有人哄抢，也有人把东西交还给失主，这同样发生在中国。	过渡段。 消除地域误解，并不断强调这和我们每个人相关。 承上启下引出正面事例。

续表

板块	主题	内容	分析
	4. 正面事例叙述分析 (1) 梳理事件	事件1:2014年2月9日,江苏省盐城市大庆路,一对夫妇取钱时不小心,百元大钞随风飘散,路人开始帮忙捡钱,最后200张百元大钞只少了3张。 事件2:2013年春节前,上海农村务工人员秦小亮不慎将17,600多元掉落马路,不少路人捡完钱就跑,还有人把车停在路中间下来捡钱,最后有一万多元没了踪迹。在警察的帮助下,不少捡钱的路人将钱归还,18位路人归还4200元,也有不少市民前来捐助。	
	(2) 得出结论:引导者起关键作用	到底哪些是中国人?其实都是中国人。看完哄抢行为,有些人觉得哄抢是缺德。其实,中国人缺的真不是德,缺的是能让中国人内心的德行显现出来的很多保障,包括法律、约束、信仰…… 一开始捡钱的人把钱往回还,大家都往回还,最后产生一种巨大的示范效应。其实,从中可以看到人性都有两面,有好的一面和不好的一面。人不是没有是非观念,但在这种情况下,有什么样的引导,(人们)就往哪里去了。所以我们为什么要打击首要分子,就是因为他起到了一个非常不好的引导作用,不但自己抢了,还引着所有在场的人往一个方向去了,这样的人应该被严厉惩处。	设问,与观众进行互动。 辩证地看待问题,得出的结论也具有辩证性。
三、扩大范围,关注中国人的显著特色——"抢"	5. 举例说明	2012年2月,每天早上八点,黄金还来不及摆进柜台,就被抢购一空。然后,金价并未如他们所愿出现暴涨。相反,2013年5月,杨女士以每克最少350元购入了50克金条,但到了当年年底,每克只值275元,相当于每月下跌了10元。 日本商场的马桶盖被中国游客抢购一空,最后中国人漂洋过海扛回来的马桶盖却产自杭州。	在叙述抢黄金这一案例时,通过对现场的描述,从侧面反映抢购有多么疯狂,将抽象事物具体化。 对于与数字相关的例子,可重点关注数据,如黄金价格的涨幅、购买的数量等,使案例更具说服力。 这两则事例的结果都十分具有讽刺意味,既能与下文所需的结论紧密联结,又可反映出更大范围的哄抢行为,体现层次感。我们在选择论据时也应注意其意义与价值,避免出现事例与观点风马牛不相及的情况。

续表

板块	主题	内容	分析
	6.为什么要抢?	第一,随大流,怕落人之后,非得抢在前面,哪怕吃亏了,只要大家一起我也不怕。第二,抢习惯了,因为改革开放是从大家(条件)差不多开始的,可是当时差不多,现在差许多,所以给了许多普通人巨大的压力。	从主观与客观两方面讨论。主观为从众心理,客观为时代环境。
	7.如何做?	第一,德行需要社会条件,需要有人带头,需要有相互的影响,随着各方面的引导,情况会好转。第二,心理层面的抢,恐怕需要慢慢地习惯。到最后大家意识到,"抢"是不道德甚至是触犯法律的行为。这个心态转变过来以后,许多行为就会发生变化。所以,要给人时间,让我们适应,让我们改变。	从主客观(内外部)两方面进行建议。客观(外部):需要良好的引导。主观(内部):自我心态的转变。
四、结尾		相信大家看完节目都会跟我有同样的感受——不好意思,但同时又有一点难过。但最重要的是,今天我们的这种不好意思和难过,明天会不会转化成约束自己的规范呢?其实真不必什么都去抢,当然这也得是社会的一种综合性的改革,从法律到教育,我们一起去参与吧。	通过寻找共同感受拉近与观众的距离。劝导时也并非生硬地说教,而是运用反问让观众去思考。

经典语录

1.哄抢一直都在发生,对这一行为的口诛笔伐也从未停止,哄抢行为已成为不是新闻的新闻。失主的失望、媒体的关注、警方的介入,众多哄抢行为的背后究竟是怎样的一种病?

2.看到别人抢,自己也得跟风抢,已经成为一种普遍心理。难怪有人感慨:一生都在抢,婴儿时抢奶粉,幼年时抢学位,小学中学就要抢天价学区房,大学毕业了要抢工作。每年8月,一些准妈妈提前剖宫产,就为了在9月前抢生宝宝。这么说,"抢"从我们出生前就开始了。

1.《治安管理处罚法》第四十九条

盗窃、诈骗、哄抢、抢夺、敲诈勒索或者故意损毁公私财务的,处五日以上十日以下拘留,可以并处五百元以下罚款;情节较重的,处十日以上十五日以下拘留,可以并处一千元以下罚款。

2.《刑法》第二百六十八条【聚众哄抢罪】

聚众哄抢公私财务,数额较大或者有其他严重情节的,对首要分子和积极参加的,处三年以下有期徒刑、拘役或者管制,并处罚金。

数额巨大或者有其他特别严重情节的,处三年以上十年以下有期徒刑,并处罚金。

第七章　社会群体类话题

社会群体是构成社会的基本单位之一。每一群体具体体现了个人与个人之间、个人与整个社会之间的某些特定的关系。有些社会群体由于特殊原因,需要得到重点关注,如老人、儿童等。

社会群体类话题是民生类话题的重要分支,往往与家庭、个人道德、社会公德等要素相关联。考生在作答时,可以从这些要素入手。

关注度:★★★★☆

类型	分类	具体事例
社会群体类话题	老人	空巢老人、失独家庭
	儿童	留守儿童、自闭症儿童
	其他社会群体	残疾人、失业者

第一节　解题方法 >>>

解题方法:故事煽情法。

针对社会群体类话题,运用故事煽情法评述既易于切入,又能打动人。这种方法要求评述人具备较强的讲述能力:表达清晰、描述生动、打动受众。

在运用此方法时,讲述结构与其他类型有所不同。一般用首段叙述事件,中间展开故事细节,最后升华主题。

第二节 案例分析 >>>

一、"打拐"

可以先练习说新闻再说即评

（一）新闻回顾

2018年5月28日，公安部儿童失踪信息紧急发布平台"团圆"系统第4期上线。从2016年5月16日到2018年5月15日，平台共发布3053名儿童的失踪信息，找回儿童2980名，找回率为97.6%。

2015年月6月17日，"拐卖儿童一律死刑"刷爆朋友圈，相关话题引起了社会各界的广泛关注和热烈争议，大量网民在微博、微信朋友圈等社交平台上发表支持意见，而法学界、社会学界人士则多从专业角度提出了不同意见。

2011年4月5日晚上9点左右，山东省海阳市郭城镇男童于宏磊跟着母亲走亲戚，被拐上了一部车后失踪，家人寻找至今无果。

（二）评述纲要

评述维度	关键句
现状	中国每年仍有大量失踪儿童。
故事	《失孤》电影与故事原型。
升华	寻子路漫漫，父母、执法者、志愿者要共同努力，让"天下无拐"。

（三）评论范文

"亲爱的小孩，今天有没有哭，是否朋友都已经离去，留下了带不走的孤独……"每次哼起这首歌，我都很压抑惆怅，我知道，我唱的不是歌，是那些失去孩子的家庭的故事。

儿童失踪，可能是每个家长内心深处最大的恐惧。每一个失踪儿童，至少牵扯一个家庭，而每个家庭中，又有多少双期盼孩子归来的眼睛。

赵薇和黄渤主演的《亲爱的》、刘德华主演的《失孤》，均展示了儿童失踪对一个家庭的伤害。这些电影的情节并非杜撰，而是有着现实原型。比如《失孤》的电影主人公原型叫郭刚堂，山东聊城人。1997年，他两岁多的儿子在自家门口被拐走。孩子丢失两周后,郭刚堂骑着摩托车,就像刘德华演的那样,踏上了漫漫寻子长征路。

20多年来,郭刚堂累计行程40余万公里,骑报废了10辆摩托车,踏遍全国各地。他曾遭遇过抢劫,也曾因打听人贩子消息而被追打。他有时落魄到要住桥洞、宿寺院、睡网吧。最惨时,他身上只剩一毛五分钱,靠一碗爱心鸡蛋面充饥。

他不仅寻找自己的孩子,还收集其他被拐儿童的信息,将其一并贴在自己的宣传海报中,帮助寻人。他曾在2011年建立了一个寻亲网站,帮助受害家庭找回孩子。20多年来,很多孩子在他的帮助下回到亲生父母身边,而他自己的孩子仍然杳无音讯。

电影《失孤》结尾处,主角遇见一个高僧。他问高僧,为什么是他儿子丢了呢?高僧没有正面回答,而是念了一段佛语,让他多行善业,缘聚自会相见。

在中国许多地区,受传宗接代思想的影响,儿童买卖有着巨大市场。再加上相关法律存在漏洞,即使是买来的孩子也能入户,这为父母寻回被拐孩子带来了极大的困难。

电影中,主角骑着他的摩托车继续上路寻子,镜头长时间地跟拍,那条小路笔直细长,仿佛永远没有尽头。导演想告诉我们,主角寻子的路很长很长,而中国"打拐"的路也很漫长,需要我们的执法者、我们的志愿者、我们每一个人一起努力,让"天下无拐"。

二、《我不是药神》热映

(一)新闻回顾

电影《我不是药神》根据"陆勇案"改编。陆勇为了100多个癌症患者的性命开始代购仿制药,没有从中赚任何差价,直到2015年1月10日被警察逮捕。被捕后,有1002名癌症患者在联名信上签字声援陆勇。19天后,陆勇获释。

(二)评述纲要

评述维度	关键句
情	生存是第一要义,活着是癌症患者的最高需求。
理	仿制药伤害药厂利益,影响新药研制动力。
法	政府推动进口药降税降费并纳入医保报销目录。

(三)评述范文

电影《我不是药神》热映,让人们的目光聚焦到慢粒白血病群体上。影片故事让人揪心,而现实情况比电影中的还要复杂,这是一场人情、伦理、法律之间的残酷博弈。

从人情的角度看,生存是第一要义,活着是癌症患者的最高需求。要活着,就要吃药,可是救命药四万元一瓶,一个患者一个月就要吃一瓶。比如电影主人公的原型陆勇,他自己是慢粒白血病患者,从2002年确诊到2004年,陆勇不间断地吃进口药,"吃掉"了近六十万元,最终被迫走上吃印度仿制药之路。如果将两瓶药摆在你面前,一瓶四万元,一瓶五千元,药效相仿,你选择哪一瓶?选四万元的,吃光家底;选五千元的,涉嫌违法。你选哪一瓶?这种人生的抉择,实在残酷。

从商业伦理的角度来看,利润是企业研制新药的最大动力。有数据显示,一款抗癌新药从研发到上市,历程最长可达15年,研发费用高达数亿美金。如果药厂不能在专利保护期内赚到足够利润,那么将极大打击其研发新药的动力和热情,最终的结果可能是病人无药可用,仿制厂商连仿制对象都找不到。在这种情况之下,究竟是允许药商高价卖药,还是强迫其降价卖药呢?是保护其专利权,还是对仿制药走私网开一面呢?这对于每一方来说,都是巨大的伦理难题。

从法律的角度来看,执法部门很难在法律与人情之间寻找到一个平衡点,但政府部门可以推动进口药降费降税,并尽力将其纳入医保报销目录,降低患者负担。仿制药虽然便宜有效,但是未经国家批准而通过走私途径进入国内,从法律上而言,它就是假药,理应受到法律制裁。从这点来看,执法部门查封仿制药无可厚非。为解决这个难题,政府可以增加投入,降低进口药的税费,同时将其列入医保报销目录,切实减轻患者负担。道德困境,往往不在道德本身,而在于资源的短缺。近年来,我国已大力降低进口药税费,不少癌症患者已经能吃上好药,有了活下去的保障。

表面上看,我们要感谢电影的积极影响,但实际上,我们要感谢国家和社会的进步,感谢经济的发展,感谢管理理念的更新,是这些因素的共同作用,让人情、伦理和法律得到协调。

三、关爱特殊儿童

（一）新闻回顾

2017年8月29日9点，腾讯公益、wabc无障碍艺途公益机构、深圳市爱佑未来慈善基金会联合出品线上线下公益项目——"小朋友画廊"。通过H5展示、捐款等手段，截至当日下午2点30分，该项目已经成功达成1500万元募捐目标。

（二）评述纲要

评述维度	关键句
传播者	从优势视角出发发掘特殊儿童艺术潜能。
传播平台	利用自身影响力，采用先进传播技术优化传播效果。
受众	低门槛易引起高参与度，画作的治愈力量引起情感共鸣。

（三）评述范文

"跨过时光之海换来日落余晖的爱，日落黄昏时，我们相遇在世界尽头。"这是小龙的画《在世界尽头相遇》的配文。2017年8月29日，为什么"小朋友画廊"火爆朋友圈？

首先，"小朋友画廊"突破传统苦情式的筹款动员模式，从优势视角出发，传播社会群体身上的闪光点，展示他们的才华与美好。在现实中，我们总对特殊儿童存有一定的偏见，鲜有人关心他们的处境。虽然上天为他们关上了一扇门，但也会为他们开启一扇窗。在这次活动中，公益机构挖掘特殊儿童身上巨大的原生创造力，将他们的画作展示出来，让人们看见这些美好，消除过往人们对于这个群体的偏见。

其次，互联网公益参与越来越便利，形式越来越多样。在这次活动中，公益机构将H5页面运用得恰到好处：没有冗长的组织活动介绍，没有太多的文字表述，直接展示色彩鲜艳的画作和清晰明了的简介，容易被受众阅读和接受。打开H5页面，我们会很清楚地知道要做什么：第一步选画，第二步捐款。在互联网时代，传播平台可以利用自身影响力，采用先进传播技术优化传播效果。

最后，"小朋友画廊"既能让受众轻松参与公益活动、奉献爱心，又能满足受众审美需求、引发情感共鸣。看到一幅幅美丽的画作，有人想起了自己小时候也曾经拥有过的"成为一个画家"的梦想，有人想起了画作背后作者付出的辛苦。只需要付费一元就可以既得到无水印屏保，又做了公益，这样的满足感让许多人都感受到了快乐，积极参与活动。

让每一个人在感受艺术的治愈力量的同时，也感受到慈善的温暖、公开和透明，这种活动形式，值得推广。

四、留守儿童何处安放童年？

（一）新闻回顾

2021年3月，安徽省六安市霍邱县城西湖乡一名11岁男孩在家中上吊自杀。报道称，男孩父母在外打工，家中只有奶奶看管男孩。

《中华人民共和国未成年人保护法》第二十二条规定：未成年人的父母或者其他监护人因外出务工等原因在一定期限内不能完全履行监护职责的，应当委托具有照护能力的完全民事行为能力人代为照护；无正当理由的，不得委托他人代为照护。

《中国儿童福利与保护政策报告2019》显示，截至2018年8月底，全国共有697万名农村留守儿童，较2016年减少205万人，96%的农村留守儿童由祖父母或者外祖父母隔代照料。

2015年6月9日，贵州毕节七星关区田坎乡4名儿童在家中疑似农药中毒，经抢救无效死亡。

（二）评述纲要

评述维度	关键句
家庭	应尽可能地关注孩子的成长，给予其爱的教育。
学校	应设置留守儿童心理疏导站，关爱儿童身心健康。
社会	合理调整农村务工人员子女的入学标准。

（三）评述范文

"谢谢你们的好意，我知道你们对我的好，但是我该走了。"这是一位13岁的留守儿童写下的遗书，之后他带着家中的弟弟妹妹服下农药，离开了人世。这个悲剧，再一次引起人们对留守儿童问题的关注。留守儿童的命运何时能改变？

首先，我不禁想问孩子的父母，为什么没有在孩子计划走向绝路时及时发现？虽然,毕节留守儿童事件中的这四兄妹基本能够料理自己的日常生活,但是,因为缺乏大人的照护,孩子们的生活过得一团糟,房子因常年无人打扫而弥漫着酸臭的味道。一次,乡主任和老师去家访,发现老二、老三面部浮肿,最小的孩子还在上幼儿园,书却被哥哥烧掉了。显然,这四个孩子已经出现了不同程度的身体、心理问题。对于留守儿童而言,获得来自父母的关心成了奢望,可见,家庭教育的严重缺位是酿成悲剧的重要原因。

其次,当家长没有尽到看护、教育孩子的基本义务时,学校有责任给孩子提供成长中需要的爱和关注。"教书育人"是老师的天职,在教书的任务达成后,"育人"更为重要。因常年缺乏父母的关爱,很多留守儿童将情感寄托在老师身上,所以有的孩子特别依赖老师。老师应该更加关爱学生,观察他们的心理和身体是否出现了什么问题,并且及时反馈给家长。但这样一来,每个老师的事务会相对增多,我建议可以在学校里设置专门的心理疏导站,切实关爱孩子的成长。

最后,如果外出务工的父母携带未成年子女共同生活,那留守儿童跟随父母到了城市之后,该如何接受教育?学校是否能够为他们适当调整入学标准?同时,学校对留守儿童的心理疏导和去标签化关爱,也是必要的,这样才有利于其健康成长。

五、空巢老人问题

> 可以先练习说新闻再说即评

(一) 新闻回顾

2012年10月29日,首届全国智能化养老战略研讨会在京举行,会议介绍,我国目前空巢老人比例很大,到2050年,我国临终无子女的老年人将达到7,900万,独居和空巢老年人将占其中的54%以上,空巢老人的养老问题也再次引发关注。

2014年6月9日,河南商丘夏邑县一男子先后40多次闯入独居老年妇女家中实施强奸、猥亵和盗窃犯罪,10多名老人被性侵。

近日,南京浦口一房东报警称,他出租屋内有位独居老人无人照料,饿得只能啃棉被,冻得直抖,每晚都在痛苦呻吟。据悉,老人有3个女儿和1个儿子,儿子天天来看一下就走,还说三姐妹对老人从来不理不问,不能只让他一个人管。

（二）评述纲要

评述维度	关键句
原因	1. 我国人口老龄化问题日益严峻。 2. 年轻人自身谋求发展的需要。
影响	1. 老人生病难以得到及时救治。 2. 老人独居存在安全隐患，让犯罪分子有机可乘。
办法	1. 健全养老保障体系，加强基础设施建设。 2. 年轻人多关心父母，常回家看看。

（三）评述范文

纵观近几年发生的空巢老人意外事件，我们可以发现，由于劳动能力的差别，大多数年轻人在城市中找到了奋斗的舞台，而身体素质逐渐下降的老人却被留在了经济不那么发达的小县城或者农村，不能随自己的子女搬到城市。对此，我有以下几点思考。

首先，我国人口老龄化问题日益严峻，预计到2050年，我国的老龄人口总量将超过4亿人。空巢老人问题可能不仅是简单的个人、家庭问题，而是我国亟待解决的社会问题。与此同时，随着经济的发展，年轻人不断到大城市寻找就业、创业机会，追求更好的生活，将年迈老人留在家中也实属无奈。

其次，由于人口剧烈流动，大量农村劳动力进入城市，必然会留下数量庞大的空巢老人，这使他们在生病时难以得到及时救治和精心照料。俗话说，"家有一老，如有一宝"，可是许多子女在忙工作的时候早已经忘了家中的老人。对此，社会能做些什么呢？如果在农村建立卫生站，健全养老保障体系，让老人老有所依，这是不是一道保护屏障呢？因此，促进农村的公共资源合理化配置，推动城乡发展一体化，增加农村就业机会，是减少空巢老人的重要措施。

最后，空巢老人在日常生活中面临着很大的安全隐患。空巢老人多住在老旧的房子里，防盗窗和防盗门等装置欠缺，安全防范条件差，加上老人本身年事已高，行动不便，这使得犯罪分子有机可乘。因此，构筑一个农村空巢老人的"安全网"刻不容缓，政府应在农村和城市普及安全教育。

我还要在这里呼吁：为城市付出汗水的务工人员，千万别忘了家里的老人，常回家看看，关注空巢老人的健康问题，给予他们精神上的安慰与真切的关怀，不要让悲剧再度发生。

六、山西临汾为艾滋病感染者设独立考场

(一)新闻回顾

2017年,山西临汾红丝带学校高中班的16名毕业生,将在本校单独进行高考。据悉,该校是我国目前唯一一所艾滋病患儿学校,2017年临汾市将在红丝带学校设两个独立的文理科标准化高考考场。目前,考试所需的视频监控、通信信号屏蔽等设备已经安装到位。为了确保考试顺利进行,教育招考部门还在学校举行了高考模拟演练。

校长郭小平说:"这是中国首次为艾滋病感染者设立独立的高考考场。如果我们的娃娃与外校学生同场考试,可能有人会抵触。"

(二)评述纲要

评述维度	关键句
合理性	解决了当下艾滋病感染者和其他考生共同参加考试的矛盾。
歧视妥协	这种贴标签的行为,实际上是对歧视的一种妥协。
公众	对于艾滋病感染者我们应该有更多的尊重和了解。

(三)评述范文

为艾滋病感染者单独设立考场,有人说这是对于这个群体的照顾,但也有人说,这可能会对其他人产生影响,而我有以下几点看法。

首先,红丝带学校是我国唯一一所艾滋病患儿学校,这个学校的孩子要在单独的考场进行高考,这是有一定合理性的。从其他考生的角度来说,当考生得知自己的考场有艾滋病感染者的时候,其思路会不会受到干扰?会不会因为害怕和紧张而发挥失常?再从这16名艾滋病考生的角度来说,当他们走入考场的时候,会不会因他人异样的目光而产生心理压力,影响发挥?所以,在中国目前的社会情况下,为艾滋病考生单独设立考场是相对合理的。

其次,将艾滋病考生与其他考生进行隔离实际上是对歧视的一种妥协。比起现实歧视的压迫和伤害,这样的妥协对整个社会正确认识、了解艾滋病带来了很大的负面影响,会让大家觉得艾滋病感染者就应该被隔离。而红丝带学校其实也是一个无奈的存在,这里的孩子在普通学校里被排挤、被歧视,所以郭小平校长创办了红丝带学校。

但同时他也说:"我这一辈子,最大的心愿是学校早点关门。"因为这意味着艾滋病人能被社会接纳了,能正常地学习工作了。社会上也有很多志愿者、很多机构在努力消除大家对艾滋病感染者的歧视。

最后,公众没必要"谈艾色变",对于艾滋病感染者,我们应该有更多的尊重和了解。我们都应该知道,艾滋病只通过性接触传播、血液传播和母婴传播,日常生活中的接触并不会造成病毒传播,那些蚊虫叮咬传播、唾液传播、空气传播之类的说法更是无稽之谈。所以,我们对艾滋病感染者的过度恐惧和排斥并没有任何意义,反而对他们造成了二次伤害。

我们必须承认,在当前这种情况下,为艾滋病考生设立单独的考场是相对进步的,然而这只是对现实的一种妥协,不应该成为努力的终点。我们需要让更多的群众真正了解艾滋病,而不是盲目地歧视艾滋病感染者。

第三节　相关练习 >>>

一、如何看待残障儿童教育问题

第一段:内容叙述 + 评述主题_____
_____。
第二段:关键句_____。
论据(_____)。
第三段:关键句_____。
论据(_____)。
第四段:关键句_____。
论据(_____)。
第五段:总结句_____
_____。

二、如何看待农村务工人员返乡就业、创业

第一段:内容叙述 + 评述主题_____

第二段:关键句_____。
论据(　　　　　　　　　　　　　　　　　　　　　　　　　　　　　)。
　　　第三段:关键句_____。
论据(　　　　　　　　　　　　　　　　　　　　　　　　　　　　　)。
　　　第四段:关键句_____。
论据(　　　　　　　　　　　　　　　　　　　　　　　　　　　　　)。
　　　第五段:总结句_____
_____。

三、如何看待各地的免费就业技能培训

　　　第一段:内容叙述 + 评述主题_____
_____。
　　　第二段:关键句_____。
论据(　　　　　　　　　　　　　　　　　　　　　　　　　　　　　)。
　　　第三段:关键句_____。
论据(　　　　　　　　　　　　　　　　　　　　　　　　　　　　　)。
　　　第四段:关键句_____。
论据(　　　　　　　　　　　　　　　　　　　　　　　　　　　　　)。
　　　第五段:总结句_____
_____。

四、如何看待贫困学生上大学

　　　第一段:内容叙述 + 评述主题_____
_____。
　　　第二段:关键句_____。
论据(　　　　　　　　　　　　　　　　　　　　　　　　　　　　　)。
　　　第三段:关键句_____。
论据(　　　　　　　　　　　　　　　　　　　　　　　　　　　　　)。
　　　第四段:关键句_____。

论据(_____)。

　　　第五段:总结句_____。

五、如何关怀"阿尔兹海默症"患者

　　　第一段:内容叙述+评述主题_____

_____。

　　　第二段:关键句_____。

论据(_____)。

　　　第三段:关键句_____。

论据(_____)。

　　　第四段:关键句_____。

论据(_____)。

　　　第五段:总结句_____

_____。

六、如何看待城市流浪人员

　　　第一段:内容叙述+评述主题_____

_____。

　　　第二段:关键句_____。

论据(_____)。

　　　第三段:关键句_____。

论据(_____)。

　　　第四段:关键句_____。

论据(_____)。

　　　第五段:总结句_____

_____。

七、如何看待法律援助

　　　第一段:内容叙述+评述主题_____

_____。

　　第二段:关键句_____。

论据(　　　　　　　　　　　　　　　　　　　　　　　　　　　　　)。

　　第三段:关键句_____。

论据(　　　　　　　　　　　　　　　　　　　　　　　　　　　　　)。

　　第四段:关键句_____。

论据(　　　　　　　　　　　　　　　　　　　　　　　　　　　　　)。

　　第五段:总结句_____
_____。

八、如何看待城市居民最低生活保障

　　第一段:内容叙述+评述主题_____
_____。

　　第二段:关键句_____。

论据(　　　　　　　　　　　　　　　　　　　　　　　　　　　　　)。

　　第三段:关键句_____。

论据(　　　　　　　　　　　　　　　　　　　　　　　　　　　　　)。

　　第四段:关键句_____。

论据(　　　　　　　　　　　　　　　　　　　　　　　　　　　　　)。

　　第五段:总结句_____
_____。

第四节　《新闻1+1》评析 >>>

知道了有多少留守儿童,然后呢?

　　《新闻1+1》2016年5月11日播出的节目聚焦社会群体——留守儿童。在对社会群体进行评述的时候,我们大致可按照这样的思路:发现问题、分析问题、解决问题。留守儿童具有覆盖范围广、人数多、留守

时间长的特点,在评述这种比较宽泛的话题时,可以从细节入手,以点概面。能将一个小点讲透彻便很好,不一定非要面面俱到,那样反而容易浮于表面,说出假大空的话。这期节目选择了毕节市这个样本来进行阐述,根据当地的一些做法来为全国解决留守儿童问题提供借鉴。

板块	主题	内容	评析
一、开场:引用新闻和案例,从毕节市这一小视野来看"留守儿童"这一大问题,并点明要讨论的中心问题	1. 从新闻切入,带出话题	最近,全国正在进行一个关于"农村留守儿童到底有多少?"的详细摸排。接下来问题就出现了:数搞清楚了,之后的工作就能搞好吗?今天我们要面对的一个样本是贵州的毕节。	开门见山,提出话题。运用发散思维,搜集与话题相关联的信息。
	2. 以毕节为样本 (1)列举事例	2012年11月19日,毕节市七星关区,5名留守儿童因在垃圾箱生火取暖被闷死。 2015年6月9日,毕节市七星关区,4名留守儿童在家中喝农药中毒身亡。	对引用的事件进行解读,通过对比,找出造成不幸的原因。除了说明原有的信息外,还交代了背景信息与后续发展,增添评论的附加值。事例的排序也是有逻辑的,后者比前者问题更严重、更难以解决,是评述的重点。
	(2)分析案例	两起事件发生的原因有所不同: 第一起是由于物质匮乏导致的不幸。后来毕节市紧急设立基金投资6000万元用于帮扶农村留守儿童。从某种角度来说,物质的匮乏还是好解决的。 第二起的几个孩子有地住、有吃的,还有几千块的存款,但是却拦不住他们精神上的极度贫困。这几个孩子最后选择了以喝农药的方式告别这个世界,让人格外痛心。	
	3. 找到问题	当我们弄清留守儿童的人数后,物质的问题好解决,精神的问题又该如何解决?	提出本期最重要的、需要解决的问题。后面的内容其实都在围绕这个问题而展开。
	提示:当拿到一个大的新闻话题时,我们可以将其和与之相关的小新闻事件进行对比,再做具体分析,有条理的归因是逻辑能力的展现。		

续表

板块	主题	内容	评析
二、采用不同主体法,对毕节市各方在关注留守儿童这一方面的行动做出详细评析	4.介绍毕节市的摸排大致情况	贵州省毕节市是全国最早展开留守儿童摸排工作的地区之一,时间是在2012年。得出的数据:截至2016年4月底,毕节市0到6岁的留守儿童有27万人。	将基本要素涵盖其中:时间、对象、成果、数据。
	5.毕节市的学校对留守儿童的管理	(1)对于已入学的留守儿童按一人一档,建档立卡管理。实行一周一调度,一周一关爱和一月一更新。 (2)老师尽量给予他们心理上的安抚和学习上的辅导。 (3)在学校开设大课堂,大课堂设置了12个兴趣小组,有刺绣、篮球、乒乓球等。兴趣小组内有专业老师进行指导,让包括留守儿童在内的农村孩子们,都能发展自己的兴趣爱好,让他们有展示才华的机会和平台。 (4)去标签化,学校里看不到"留守儿童"的字样,让留守儿童没有心理负担。	
	6.毕节市政府为了让留守儿童的父母返家所采取的做法	(1)劝返回家。 (2)提供工作。 (3)签订协议。	列举有的父母在孩子两个月大的时候就外出打工的例子,说明留守儿童最突出的问题在于监护缺失。因此,毕节市试图在源头上采取措施解决问题。
		评价:让父母回到孩子身边,出发点是好的,但效果怎么样,我还是要画个大大的问号。我相信全国两三亿外出务工的人员,他们在成为父母后都不希望离开孩子,但有很多现实问题,比如外面工资和家乡差距过大,即使劝回来也留不住人、留不住心。 毕节这种解决监护缺失的同时能从源头上解决问题的做法是有价值的,从长远来看应该是有一定效果的。当前最迫切的是制度安排,解决留守儿童的监护问题。增长经济,增加更多的就业岗位,这也是无形的劝返。	善于、敢于质疑,通过独立思考、逆向思维来辩证地分析问题,使评论更加严谨、全面。

续表

板块	主题	内容	评析
三、对全国进行的留守儿童摸底排查工作的意义进行说明	7.回到新闻,首尾呼应	问:现在进行的留守儿童摸底排查,拿到了数字后最应该做的是什么? 答:拿到的不仅是数字,还有对于留守儿童生活状况、成长需求、家庭情况的排障。摸底排查的意义是发现问题后进行协调解决,为下一步解决留守儿童问题提供帮助。	"留守儿童摸底排查"是串联整期节目的线索,所有的内容实际上都是围绕这条线索展开的,因此有必要在结尾处对它的重要性进行总结。 我们在进行即兴评述时也要注意把握整体的逻辑,避免评述离题。
		问:物质匮乏是比较容易解决的,精神匮乏、爱的缺失该如何解决? 答:最需要提供的是贴身服务。因为留守儿童最突出的问题是监护缺失,政府、社会要做的是寻找替代性服务,如儿童社工、志愿者等。	
四、结尾		本期节目的结尾是个反面教材,由于主持人对时间把握不准导致专家的评论被直接打断,重要的结论还没有说完,结束语也是一句话匆忙带过。这提醒我们在评论时一定要控制好时间,避免虎头蛇尾。	

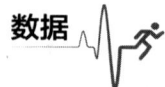

数据

1. 贵州省毕节市是全国最早展开留守儿童摸排的地区之一,时间是在2012年。七星关区朱昌镇有五万多人口,登记的留守儿童达1371人。

2. 截止到2016年4月底,毕节市相关部门劝返留守儿童父母45,000人。

经典语录

有时候,过分的关爱反而形成某种孤立,具有某种歧视的意义。

第八章　时政类话题

时政即时事政治,指某个时间段内发生的国内国际政治大事,是概括性比较强的、从大局出发的事件。即兴评述中的时政类话题,可分为国内政治事件、国家政策、国际政治事件等。

出题可能性:★★☆☆☆

	分类	具体事例
时政类话题	国内政治事件	南京大屠杀死难者国家公祭日、中国人民抗日战争暨世界反法西斯战争胜利70周年、中国共产党成立100周年、中国智造、公车私用
	国家政策	三孩生育政策
	国际政治事件	拜登当选第46届美国总统

第一节　解题方法 >>>

解题方法:时空分析法。

时政类话题既包括政治话题也包括历史话题,可以运用时空分析法进行评述。首先,从时间的维度分析,历史事件的发生有特定的社会背景。其次,从空间的维度分析,对于一些政治话题、历史事件或者国家政策,不同地区的人们会有不同的认识。关于政策类的话题,在空间维度,我们可以参考国外的经验;而在历史的角度,我们可以回顾不同时代相关政策的变化。

第二节　案例分析 >>>

一、南京大屠杀死难者国家公祭日

（一）新闻回顾

2014年2月27日，十二届全国人大常委会第七次会议表决通过决定，将12月13日设立为南京大屠杀死难者国家公祭日。有分析认为，中国以立法形式设立南京大屠杀死难者国家公祭日，表明中国人民反对侵略战争、捍卫人类尊严、维护世界和平的坚定立场。

2014年12月13日是首个南京大屠杀死难者国家公祭日。当天上午10时，国家公祭仪式在侵华日军南京大屠杀遇难同胞纪念馆举行。中共中央总书记、国家主席、中央军委主席习近平出席仪式。当天，南京全城鸣笛向77年前惨遭日军屠杀的30万同胞表示哀悼。

2014年12月13日中国首个国家公祭日受到美国华人华侨的高度评价和肯定。洛杉矶等华裔聚居的地区举办悼念南京大屠杀死难者的公祭活动，华人华侨希望借此凝聚中华民族的共识，以史为鉴，推动世界各国和平友好，共同进步。

2016年12月13日，各地各高校的线下纪念活动开展得如火如荼。江苏全省131所高校集体组织收看当天的国家公祭日仪式电视直播，并开展各种线下活动。

1937年12月13日，侵华日军开始在南京实施长达40多天的惨绝人寰的大屠杀，制造了震惊中外的南京大屠杀惨案，30万人惨遭杀戮。据第二次世界大战结束后远东国际军事法庭和南京军事法庭的有关判决和调查，在大屠杀中约有30万中国人被日军杀害，南京城被日军大肆纵火和抢劫，城市的三分之一被毁，财产损失不计其数。

（二）评述纲要

评述维度	关键句
历史	忘记历史就意味着背叛。
现在	以人为本，敬畏生命。
未来	以史为鉴，期望世界和平。

(三) 评述范文

不能忘记,也不敢忘记! 多年之后的今天,中国首个南京大屠杀死难者国家公祭日终于出世,这是对生命的敬畏,既缅怀过去,又抚慰民心。设立国家公祭日的意义,值得我们思考。

从历史的角度看,历史能够照亮未来。南京大屠杀是一座城的伤痛,更是一个国的伤痛。铭记被侵略、被杀戮的历史,以史为鉴是我们的重要使命,也是公祭日设立的重要意义之一。日本至今仍有某些势力试图隐藏不光彩的历史,以为生命的消逝会带走记忆,掩盖丑恶。"忘记历史就意味着背叛,否认罪责就意味着重犯",只有牢记历史、不忘过去,才能多一些紧迫感和使命感,化悲愤为行动,才能更好地面对未来,知道和平的来之不易。

从现实的角度看,公祭日的设立体现了以人为本、敬畏生命的思想,从而具有凝聚人心的作用。历史已经深刻地印在我们的心里,我们的怀念从来没有停止过。30万不是一个冰冷的数字,它背后是一个个有名字、有亲人、有故事的活生生的人。我们以沉重的心情缅怀逝者,但我们知道,这不是在宣泄情绪,不是在倡导民族复仇,而是在提醒我们现实当中的每一个人:珍惜当下,珍惜和平。国家公祭日的设立,让我们更深切地体会到国家存在的意义和价值,体会到国家统一强大的重要性,让我们更加热爱这个和平的国度。

最后,铭记历史,不代表延续仇恨,而是许未来以和平。我们为南京大屠杀死难者举行公祭仪式,以唤起每一个善良的人对于和平的向往和坚守。和平自古以来就是人类最普遍的愿望,有了和平稳定,人类才能更好地实现自身的价值。历史告诉我们,和平是需要争取、需要维护的,需要我们吸取战争的惨痛教训。如今的中国,坚定不移地走和平发展道路。公祭日的设立,是中国在向全世界表达我们热爱和平、维护和平的决心与责任。

我们应该铭记历史,不断凝结和感召民族精神,在自己力所能及的范围内,为历史的铭记、现实的安稳、未来的和平贡献力量。

二、垃圾分类政策

(一) 新闻回顾

2019年6月25日,《固体废物污染环境防治法(修订草案)》初次提请全国人大常委会审议。草案对"生活垃圾污染环境的防治"进行了专章规定。草案提出,国家推行生活垃圾分类制度。县级以上地方人民政府应当采取符合本地实际的分类方式,加快建立生活垃圾分类投放、分类收集、分类运输、分类处理的垃圾处理系统,实现垃圾分类制度有效覆盖。

2019年7月1日,《上海市生活垃圾管理条例》(以下简称"新规")正式实施。进入"史上最严"的垃圾分类新时代的上海会迎来哪些变化呢?新规指出,若未按规定分类投放垃圾,除对个人混投行为处50元以上200元以下罚款外,对单位未按照规定分类投放的行为,规定最高可处5万元的罚款。对生活垃圾收运单位、处置单位不遵守相应规范的,分别规定最高可处10万元、50万元的罚款,情节严重的吊销单位经营服务许可证。

国务院发展研究中心"中国民生调查"课题组2018年对46个重点城市的入户调查结果显示,进行生活垃圾分类的家庭占38.3%,较2017年增长11.4%。住建部数据显示,截至2019年6月,134家中央单位和各省直机关已全面推行生活垃圾分类;46个重点城市已配备厨余垃圾分类运输车近5000辆,有害垃圾分类运输车近1000辆。

(二)评述纲要

评述维度	关键句
历史	垃圾增长量巨大,"垃圾围城"警报早已拉响。
现在	国家强力推行,民众热情参与。
未来	借鉴国际经验,优化分类制度。

(三)评述范文

"你是什么垃圾?"有网友调侃,最近每天倒垃圾都会遭受居委会大妈的灵魂拷问,直戳内心。虽然这是个段子,但也从侧面反映出:中国推进垃圾分类,这次来真的了。

首先,我国城市垃圾增长量巨大,"垃圾围城"警报早已拉响。相关统计显示,我国生活垃圾清运量已从1979年的2508万吨,增长至2018年的2.26亿吨左右,由此引发的环境问题日益突出。我国的垃圾处理方法也较为原始,各地均以垃圾填埋为主,不仅占用大量土地,还污染环境,影响周边的经济发展和群众生活。个别城市尝试引入垃圾焚烧的方式,但因为效益、技术、管理以及部分民众不理解的缘故,垃圾焚烧并未成为垃圾处理的主流方式。因此,如何解决"垃圾围城",已经成为各地管理者都很头痛的问题。

其次,国家已加大垃圾分类推进力度,民间参与热情高涨。在立法层面,相关的环境防护草案已在2019年提请全国人大常委会审议,草案提出,国家推行生活垃圾分类制度,要求各地政府加快建立垃圾处理系统,实现垃圾分类制度有效覆盖。在执行层面,已有46个城市被列入第一批试点城市,到2020年年底,试点城市基本建成垃圾分类处理系统。在宣传层面,官方、民间也各出奇招,深入宣传环保意识和垃圾分类标准,比如就有网友拿"猪"来做垃圾分类比较:猪能吃的是厨余垃圾,猪不能吃的是有害垃圾,猪不想吃的是不可回收垃圾,卖了能买猪的是可回收垃圾。不过,垃圾分类也存在各地标准并不统一等问题,需要国家在立法和执法方面给予优化指导。

再次,我们可以借鉴日本等国家的垃圾处理经验。日本是世界上垃圾分类执行较好的国家,其经验总结起来有两条:一是实施严格收费制度,二是加强垃圾分类设备设施建设,让垃圾分类更方便快捷。比如,日本从20世纪80年代就开始推行垃圾分类,但效果不明显,后来在90年代末采取扔垃圾收费制度,2000年以后垃圾总量才逐渐下降。我国国土面积大、人口多,不太适宜照搬日本经验,但是一些一线城市或许可以考虑学习借鉴日本的扔垃圾收费制度,提升市民扔垃圾的成本,从而帮助市民养成少扔垃圾的好习惯。

最后,我相信在国家的强力推进之下,垃圾分类制度将会更加完善,执行更加有力,宣传更加细致,民众的分类习惯和环保意识也将日益增强,让"垃圾围城"的警报早日解除。

三、国产航母交付

(一)新闻回顾

2019年12月17日,我国第一艘国产航空母舰山东舰在海南三亚某军港交付海军。中共中央总书记、国家主席、中央军委主席习近平出席交接入列仪式并登舰视察。

(二)评述纲要

评述维度	关键句
技术	山东舰实现了自主设计、自主建造和自主配套。
战略	建设世界一流军队,航母不能缺位。
历史	实现中华民族的伟大复兴。

(三)评论范文

2019年12月17日,我国首艘国产航空母舰——"山东舰"交付海军。自此,中国成为全球第三个同时拥有两艘大型航母的国家,而且是全球第二个能从钢板到舰载机均完全自主研制的国家,这对我国的发展有着极大的意义。

从技术上看,山东舰实现了自主设计、自主建造和自主配套。航母是当代技术最为密集、造价最为高昂、工程最为庞大、运用最为复杂的超大型武器系统,世界上只有美国具有完全的设计制造能力。2012年,经改造的辽宁舰入列海军,解决了人民海军"有无航母"的问题。次年,我国自主设计的山东舰开工建造,解决了人民海军未来航母"发展基础"的问题。与辽宁舰相比,山东舰解决了航母总体设计、船体建造、主动力装备国产化研制等重大问题,全面提高了综合作战效能和综合保障水平。山东舰的下水,是我国航母技术发展获得重大突破的标志。

从战略上看,建设世界一流军队,加快人民海军转型,航母不能缺位。党的十九大提出了"本世纪中叶把人民军队全面建成世界一流军队"的战略要求,同时也吹响了将人民海军建成"世界一流海军"的冲锋号角。山东舰服役使得人民海军的航母数量达到两艘,意味着我国的海上作战力量发生了结构性改变。70年的发展,中国海军从沿岸近海到远海大洋,逐步发展成为五大兵种齐全、核常兼备的战略性军种。中国海军正在全面建成世界一流海军的新航程上,向世界展示着他们握手世界、维护和平的雄厚实力与担当,具有极强的战略意义。

从历史发展来看,"国产航母梦"的实现,标志着中华民族离伟大复兴又近了一步。1888年12月17日,山东威海卫刘公岛上,北洋水师正式成立,舰队内的大多数战舰都采购自其他国家。1960年3月17日,刚上任的人民海军司令员萧劲光视察刘公岛海防建设,他的交通工具是一条渔船,这船还是向渔民租借的。1980年,刘华清将军访美并登上美国航母,这是他人生中第一次登上航母。在船上,美方以保密为由,不让刘华清碰仪器。如今,中国首艘国产航母入列,充分证明了中国已经富起来,强起来了。

走过百年历史,2019年12月17日,国产航母山东舰入列。中国在真正意义上开始迈向深海,驶向中华民族的伟大复兴!

四、庆祝中华人民共和国成立70周年阅兵式

(一)新闻回顾

庆祝中华人民共和国成立70周年阅兵式,是2019年10月1日国家为庆祝中华人民共和国成立70周年而开展的众多庆祝活动中的一项重要活动。

庆祝中华人民共和国成立70周年阅兵式的全体受阅官兵来自人民解放军、武警部队和民兵预备役部队。约15,000名官兵、580台(套)装备组成15个徒步方队、32个装备方队;陆、海、空航空兵160余架战机,组成12个空中梯队。

庆祝中华人民共和国成立70周年阅兵式是中国特色社会主义进入新时代的首次国庆阅兵,彰显了中华民族从站起来、富起来到强起来的雄心壮志。人民军队以改革重塑后的全新面貌接受习主席检阅,接受党和人民检阅,彰显了维护核心、听从指挥的坚定决心,展示了履行新时代使命任务的强大实力。

(二)评述纲要

评述维度	关键句
技术	多屏直播是中国互联网发展的体现。
仪式	国庆70周年阅兵具有庄重的仪式感。
历史	展现人民军队的成长,促进中华民族的伟大复兴。

(三)评论范文

2019年10月1日是一个令全体中国人民欢庆沸腾的日子,因为那一天是中华人民共和国成立70周年的日子。在这一天,天安门前举行了盛大的国庆70周年阅兵式。对于我来说,关于这一次阅兵有三个特别难忘的瞬间。

第一个难忘瞬间,是人们可以通过电视机、手机、电脑甚至电影银幕观看国庆阅兵盛典,我们参与国家重大活动的方式有了更大的突破,有了崭新的进展。多屏互动反映出我国互联网迅猛的发展态势,信息传播方式更加立体化,这是新中国成立70年来

众多发展成果之一。

第二个难忘瞬间,是国庆70周年阅兵所具有的庄重的仪式感。当中共中央总书记、国家主席、中央军委主席习近平面对党旗、国旗、军旗行注目礼的那一瞬间,现场一片安静,亿万双眼睛一起静静注视着三面旗帜,神圣感庄严感油然而生。这是对党的崇高礼赞!是对祖国的崇高礼赞!是对人民军队的崇高礼赞!

第三个难忘瞬间,是阅兵式上整齐的军队和强大的武器。新中国成立以来共举行过15次国庆周年阅兵,这些阅兵式记录了人民军队的成长发展过程,见证了新中国向大国、强国迈进的坚实步伐。国庆阅兵已经成为一个民族和一个国家的共同记忆。100年前,八国联军攻陷北京,帝国主义列强的洋枪马队就在天安门前一队队走过;新中国成立时的大阅兵,由于人民军队装备不足,战斗机不得不飞两次以壮大空军声势。如今,"科技强军"已经成为现代化建设高扬的主旋律,天安门广场上走过的一列列整齐的队伍,展出的一件件先进的武器,无不昭示着中华民族的伟大复兴。

70年,一个个"不可能"变成可能,中国奇迹惊天动地,70年风风雨雨,70年沧桑巨变,是团结一心的奋斗成就了今日中国的光荣!今日,中华大地山河日新,我们有能力更有底气说出:这盛世,如你所愿!

五、北京获得2022年冬奥会举办权

(一)新闻回顾

2015年7月31日,国际奥委会主席巴赫在国际奥委会第128次会议上正式宣布:"2022年冬奥会的举办城市是北京。"

北京携手张家口获得了2022年第二十四届冬季奥林匹克运动会的举办权。北京冬奥申委新闻宣传部部长王惠表示,目前北京在治理雾霾方面已经取得了一些成效,未来几年还要尽快让北京的空气达到国际卫生组织的标准。

在争取申办冬奥会时,中国奥委会主席刘鹏在与国际奥委会委员的陈述交流会上说:"北京申办2022年冬奥会将带动3亿民众参加冰雪运动。"事后,刘鹏说:"'3亿人冰雪运动计划'的参与者主要有两部分:一是直接参与冰雪运动的群体,二是通过冰雪体育比赛和冰雪活动影响到的人群。"

(二)评述纲要

评述维度	关键句
经济	让更多民众关注、参与和热爱冰雪运动。
政治	提升中国国际形象。
环境	推动环境保护,带动城市发展。

(三)评述范文

北京获得2022年冬奥会举办权的消息传来,举国欢腾。激动过后冷静分析,举办冬奥会虽然面临着诸多挑战,但也在经济潜力、国家形象和环境保护方面给我们带来巨大机遇。

首先,成功申办冬奥会可以吸引更多民众关注、参与并爱上冰雪运动。由于地理条件等原因,我国较好的滑雪资源都集中在西北、东北等地区,滑雪市场并不兴旺,参与人群不多。资料显示,目前我国每年的滑雪人次在1000万左右,参与滑雪运动的人数在500万左右,约占总人口数的0.4%,远低于其他国家,冰雪运动市场有巨大的发展空间。在申请冬奥会举办资格之时,为了弥补国内缺乏冬季运动传统的劣势,国家明确提出"3亿人冰雪运动计划"。可以预见,未来人们会把更多目光投向冰雪运动,带动滑雪场、滑雪装备市场的发展,从而给当地经济带来新的增长点,促进区域平衡发展。

其次,北京冬奥会是一次难得的提升中国国家形象的机会。奥运会是世界上影响力最大的体育盛会,举办奥运会是一个体现国家综合国力的机会,也是向世界展示友好和平国家形象的机会。2008年,北京奥运会的成功举办让世界感受到北京的魅力,感受到中国的强大,尤其是奥运会开幕式上中国古代文化的展示,简直就是一幅中华文明的画卷。2022年,奥运会再次回到北京,回到中国,到那时,一个更自信、更开放、更友好、更强大的中国将展现在世界面前。

最后,冬季奥运会的举办,将进一步推动环境保护,推动城市的发展。1995年以后,国际奥委会修改了《奥林匹克宪章》,将保护环境作为奥林匹克精神之一。为此,2022冬奥会组委邀请了多名专家组成赛区生态环保支持团队,在减少碳排放、保护生物多样性、保护水资源、提高公众环境保护意识、提高城市绿色发展水平等方面提供技术和管理支持。可以预见,2022年的冬奥会必将是一个环保、绿色的奥运会。

总之,北京冬奥会的成功申办,将极大地激发人们参与冰雪运动的热情,扩大参与滑雪运动的人群,促进冰雪产业发展。同时,冬奥会还将提升北京和张家口的绿色发展和城市发展水平,向世界展示中国和平大国的形象。

六、中国反腐"三不"

> 可以先练习说新闻再说即评

(一) 新闻回顾

2019年1月11日,中共中央总书记、国家主席、中央军委主席习近平在中国共产党第十九届中央纪律检查委员会第三次全体会议上发表重要讲话。他强调,要以新时代中国特色社会主义思想为指导,增强"四个意识"、坚定"四个自信"、做到"两个维护",以党的政治建设为统领,全面推进党的建设,取得全面从严治党更大战略性成果,巩固发展反腐败斗争压倒性胜利,一体推进不敢腐、不能腐、不想腐,健全党和国家监督体系,确保党的十九大精神和党中央重大决策部署坚决贯彻落实到位,以优异成绩庆祝中华人民共和国成立70周年。

2018年3月11日,第十三届全国人民代表大会第一次会议通过中华人民共和国宪法修正案,其中第一百二十五条规定:中华人民共和国国家监察委员会是最高监察机关。

2018年3月17日,第十三届全国人民代表大会第一次会议审议通过了国务院机构改革方案,将中华人民共和国监察部并入新组建的国家监察委员会。中华人民共和国国家预防腐败局并入国家监察委员会。不再保留监察部、国家预防腐败局。

(二) 评述纲要

评述维度	关键句
力度	保持反腐力度,让官员不敢腐。
制度	切实扎牢制度的笼子,让官员不能腐。
认识	不断加强宣传教育,增强官员不想腐的自觉。
整体	不敢腐是前提,不能腐是关键,不想腐是根本。

(三) 评述范文

腐败是我们党和国家面临的最大威胁,关系着党和国家的前途命运,关系着每一个中国人的切身利益。我认为,反腐既要治标也要治本,既要加大打击力度,也要加强制度建设,加大宣传教育,让官员不敢腐、不能腐和不想腐,通过不懈努力换来中国的海晏河清。

首先,要保持反腐力度,持续强化震慑,让官员不敢腐。目前,中国共产党的反腐斗争取得了压倒性胜利,但形势依然严峻复杂,腐败案件仍在不断发生。因此,我们要坚定不移地推进反腐败斗争,坚持反腐无禁区,无论腐败案件涉及谁、涉及哪个层次,发现一起查处一起,绝不手软。同时,我们要重点整治扶贫民生领域腐败、打击涉黑"保护伞",不断增强群众的安全感。

其次,要切实扎牢制度的笼子,让官员不能腐。腐败的本质是权力滥用,长期以来,我们的权力过于集中,而制约和监督力度不够,部分官员有权就任性,腐败随之产生。因此,要把权力装进制度的笼子里,推进权力运行公开透明,让权力暴露在阳光之下,压缩权力的寻租空间,让官员没有机会腐败。2018年3月17日,国家监察委员会正式成立,我国的反腐资源和力量得到进一步整合,监督体系更加紧密高效,反腐能力更强。

再次,要不断加强宣传教育,增强官员不想腐的自觉。古人讲,"正气存内,邪不可干",一个官员的腐败,首先是从思想开始的。因此,要打赢反腐斗争,官员的思想战场尤为关键。2019年1月,中央电视台一连五天播出纪实专题片《国家监察》,反映纪检监察体制改革的成效。在专题片中,曾经手握重权的官员现身说法,反思自己的腐败之路。这些反腐专题片令广大党员干部和人民群众在看到治理效能的同时,也从思想上更加认同国家的监察制度,筑牢拒腐防变的思想堤坝。

最后,"三不"是密不可分的有机整体,不敢腐是前提,不能腐是关键,不想腐是根本,只有三者同向发力,提升腐败成本,提高反腐能力,加强反腐认识,才能实现反腐的叠加效应,还我们一个朗朗乾坤。

七、三孩生育政策出台

可以先练习说新闻再说即评

(一)新闻回顾

2021年5月31日,中共中央政治局召开会议。会议指出,进一步优化生育政策,实施一对夫妻可以生育三个子女的政策及配套支持措施,有利于改善我国人口结构、落实积极应对人口老龄化的国家战略、保持我国在人力资源方面的优势。

根据第七次全国人口普查数据，截至 2021 年 5 月 31 日，我国 0—14 岁少儿人口占比从 2010 年的 16.6% 提高到 2020 年的 17.95%。近年来，由于政策调整，全国累计多出生二孩 1000 多万人。出生人口中二孩占比由 2013 年的 30% 左右上升到近年来的 50% 左右。出生人口性别比从 2013 年的 118 降至 2021 年的 111 左右。

（二）评述纲要

评述维度	关键句
背景	我国人口老龄化问题日趋严重。
困境	养育成本高，母亲的职业发展受影响。
方法	国家实施配套支持措施。

（三）评述范文

无论你是不是独生子女，都是父母眼中的宝贝。而你，又是如何看待国家实施的三孩生育政策的呢？

首先，近年来我国人口老龄化问题日趋严重，这是推行三孩生育政策的重要原因。2020 年，我国 60 岁及以上的老年人口总量为 2.64 亿人，已占到总人口的 18.7%。同时，人口结构不平衡、劳动力增长不足等问题导致经济发展遇到瓶颈。据专家预测，20 年之后，中国将处于老龄化程度最高的时期，如果相关生育政策的效果达到预期，新生劳动力将对劳动力市场起到十分及时的补充作用。因此，三孩生育政策有利于提高家庭抗风险能力，提高家庭幸福指数，增加未来劳动力的供给并缓解老年扶养负担。

其次，生育三孩仍面临很多现实问题：一是费用问题，二是对母亲的职业影响问题。抚养三个孩子需要投入大量的金钱。据南方都市报计算，以广州一中产家庭为例，在不考虑通货膨胀以及购买学区房的情况下，养育一个孩子要花 68 万—230 万元。"养不起"成为大多数家庭的共同感觉。同时，女性收入已成家庭收入的重要组成部分。调查报告显示，女性对家庭收入的贡献率平均为 32.3%，而"工作任务繁重""工作家庭难兼顾""职场竞争激烈"是女性感到压抑的三大原因。情势如此，养育三孩会给母亲的生活和工作带来巨大压力。

最后，国家应该制定实施完善的配套支持措施。法国的生育率名列欧洲前茅，是发达国家中生育率较高的国家，其秘诀是保持稳定的鼓励政策。例如，法国政府提供完善的看护服务,减少父母生孩子的后顾之忧。虽然中法国情不同,但也有可供我们借鉴的地方,例如,加强公共育儿设施建设,改善孩子的生存和成长环境。同时,也要加大幼儿园和学校的建设力度,解决三孩上学难、上学贵的问题。

三孩政策是关系着国计民生的重要生育政策,从长远看,有利于改善我国人口结构、落实积极应对人口老龄化的国家战略、保持我国在人力资源方面的优势。

第三节 相关练习 >>>

一、如何看待公车私用现象

第一段:内容叙述 + 评述主题_____
_____。

第二段:关键句_____。
论据(_____)。

第三段:关键句_____。
论据(_____)。

第四段:关键句_____。
论据(_____)。

第五段:总结句_____
_____。

二、如何看待"脱贫攻坚战"

第一段:内容叙述 + 评述主题_____
_____。

第二段:关键句_____。
论据(_____)。

第三段:关键句_____。
论据(_____)。

第四段:关键句_____。

论据(　　　　　　　　　　　　　　　　　　　　　　　　　　　　　)。
　　　　第五段:总结句_____
_____。

三、如何看待"一带一路"倡议

　　　　第一段:内容叙述 + 评述主题_____
_____。
　　　　第二段:关键句_____
论据(　　　　　　　　　　　　　　　　　　　　　　　　　　　　　)。
　　　　第三段:关键句_____
论据(　　　　　　　　　　　　　　　　　　　　　　　　　　　　　)。
　　　　第四段:关键句_____
论据(　　　　　　　　　　　　　　　　　　　　　　　　　　　　　)。
　　　　第五段:总结句_____
_____。

四、如何看待中国共产党成立 100 周年

　　　　第一段:内容叙述 + 评述主题_____
_____。
　　　　第二段:关键句_____
论据(　　　　　　　　　　　　　　　　　　　　　　　　　　　　　)。
　　　　第三段:关键句_____
论据(　　　　　　　　　　　　　　　　　　　　　　　　　　　　　)。
　　　　第四段:关键句_____
论据(　　　　　　　　　　　　　　　　　　　　　　　　　　　　　)。
　　　　第五段:总结句_____
_____。

五、如何看待中美贸易摩擦

　　　　第一段:内容叙述 + 评述主题_____

_____。
　　第二段：关键句_____。
论据(　　　　　　　　　　　　　　　　　　　　　　　　　　　　　)。
　　第三段：关键句_____。
论据(　　　　　　　　　　　　　　　　　　　　　　　　　　　　　)。
　　第四段：关键句_____。
论据(　　　　　　　　　　　　　　　　　　　　　　　　　　　　　)。
　　第五段：总结句_____
_____。

六、如何看待把握粮食安全主动权

　　第一段：内容叙述＋评述主题_____
_____。
　　第二段：关键句_____。
论据(　　　　　　　　　　　　　　　　　　　　　　　　　　　　　)。
　　第三段：关键句_____。
论据(　　　　　　　　　　　　　　　　　　　　　　　　　　　　　)。
　　第四段：关键句_____。
论据(　　　　　　　　　　　　　　　　　　　　　　　　　　　　　)。
　　第五段：总结句_____
_____。

七、如何看待数字经济

　　第一段：内容叙述＋评述主题_____
_____。
　　第二段：关键句_____。
论据(　　　　　　　　　　　　　　　　　　　　　　　　　　　　　)。
　　第三段：关键句_____。
论据(　　　　　　　　　　　　　　　　　　　　　　　　　　　　　)。
　　第四段：关键句_____。

论据（　　　　　　　　　　　　　　　　　　　　　　　　　　　　　）。

　　第五段：总结句＿＿。

八、如何看待共同构建人类命运共同体

　　第一段：内容叙述＋评述主题＿＿＿。

　　第二段：关键句＿＿＿＿＿＿＿＿＿＿＿＿＿＿＿＿＿＿＿＿＿＿＿＿＿＿＿＿＿＿＿＿＿＿＿。

论据（　　　　　　　　　　　　　　　　　　　　　　　　　　　　　）。

　　第三段：关键句＿＿＿＿＿＿＿＿＿＿＿＿＿＿＿＿＿＿＿＿＿＿＿＿＿＿＿＿＿＿＿＿＿＿＿。

论据（　　　　　　　　　　　　　　　　　　　　　　　　　　　　　）。

　　第四段：关键句＿＿＿＿＿＿＿＿＿＿＿＿＿＿＿＿＿＿＿＿＿＿＿＿＿＿＿＿＿＿＿＿＿＿＿。

论据（　　　　　　　　　　　　　　　　　　　　　　　　　　　　　）。

　　第五段：总结句＿＿。

第四节 《新闻1+1》评析 >>>

"全面放开二孩"，生还是不生？

　　"全面放开二孩"政策属于涉及民生的公共政策。民生问题是与百姓生活密切相关的问题，也是人民群众最关心的问题。因此在评论此类话题时需要站在百姓角度，从群众中来，到群众中去，了解人们关心的、疑惑的、担忧的问题，为受众全面、准确地解读政策内容。同时，还需要从整体上把握政策带给社会的挑战与发展。

板块	主题	内容	评析
一、初步介绍"二孩政策"的出现及引发的社会讨论	1. 阐述新闻	新闻:十八届五中全会公报决定实施"普遍二孩政策"。	分析政策时语言宜通俗易懂、深入浅出,对容易产生误解的地方加以解释。
		意义:意味着中国人口政策、计划生育国策有了重大调整。	
		关键词解释:二孩非二胎,如果第一胎是双胞胎就不在条件范围内。	
	2. "二孩政策"提出后人们不断摇摆和思虑的原因(以问卷调查形式呈现)	不生二孩的主要原因是什么? 家庭经济压力(63%) 工作太忙没时间照顾小孩(23%) 一个小孩就够了(14%)	分析数据时要结合现实情况。这里还提到本次问卷的参与人数为449,076人,可见此话题的热度。
		"全面放开二孩",你会生吗? 当然会(31%) 不会(33%) 还在考虑(36%)	
二、提出大家最关心的问题,进一步剖析"二孩政策"	3. 什么时候怀孕、什么时候生才不违反规定,才不会受到处罚?	新修订的人口与计划生育法颁布之时,就是"全面放开二孩政策"正式实施之日。在这之后出生的二孩都符合政策。两会通过修订法案后生下来的孩子都符合规定。	谈论人们最关心的问题一方面是为了解答疑惑,使评论具有附加值,另一方面也能起到吸引受众的作用。此处三个问题涉及不同个体、不同层次,比较全面;提问的逻辑与顺序也值得学习。
	4. 从现在开始到法律法规出台前生二孩是否还会受到处罚?	地方会根据当地的法律法规来进行处理。如湖南卫计委已明确表示,在正式实施"二孩政策"之前,不符合规定生育的二孩将不做实质性处理。	
	5. 计划生育的调整不仅是人口政策的调整,还涉及中国可持续发展问题。若实施后孩子出生比例不如预计,是否会进一步放宽计划生育政策?	"单独二孩政策"实施后有关部门积累了很多经验,对群众的生育意愿和生育行为有了更加准确的了解,各个部门针对反映出来的问题改进服务、完善措施。在助产、托幼、产假、支持女性重返工作岗位等方面,各级政府也采取了措施。因此,将会有更好的政策效果呈现。	

续表

板块	主题	内容	评析
三、"二孩政策"遇到的一系列问题以及给社会带来的挑战	6.生育意愿	从"单独二孩政策"实施情况看,申请和生产人数并没有达到预期。截至2015年5月底,在全国符合"单独二孩"资格的1100万对夫妇中,只有3%的夫妇提出申请。	分析民生问题时可以从主观原因和客观原因出发。生育政策实际上涉及很多社会问题,因此,劳动保障、就业、医疗、教育、安全、社会保障等方面都可提及。
	7.孩子没人看管	对双职工家庭来说,父母渐渐年迈,孩子看管成为问题。近年来,适于照看三岁前幼儿的托儿机构也正在严重萎缩。比如在上海,2003年还有独立设置的托儿所187所,入托儿童达2.97万人,到2013年托儿所只剩41所,入托儿童仅为6058人。95%以上三岁前儿童只能依靠家庭来照顾。	
	8.医疗系统面临考验	"单独二孩政策"实施后,国家在加强妇幼保健机构能力建设方面有很大投入。在人员培训、优化配置妇产资源方面取得成效。妇幼健康资源总量能够满足需求,但大城市的优质资源较为紧张。解决措施是:一方面加强服务能力的供给,另一方面合理引导群众分期诊疗。	
	9.社会福利机制	生活压力大、生活成本高、入园难、上学难等现实因素困扰年轻夫妇,因此,社会福利机制的配套跟进也是各界关注的问题。	
四、应该如何面对冲击	10.教育部门	合理分配教育资源,解决学前教育学位不足、幼儿园质量参差不齐、入园学习收费过高等问题。南京等地的教育部门表态:将会解决孩子上幼儿园的问题。	
	11.国家卫计委	加紧修订计划生育法律法规,做好政策衔接,维护生育秩序,引导公众负责任、有计划地生育。	
	12.社会保障	加强社会保障统筹,允许农村城镇老人到城里看孩子,并将其包含到养老保险中。	
	13.资源配置	结构性短缺严重,城乡接合部学生入学难情况严重。要将城市资源配置向城镇农村延伸。	

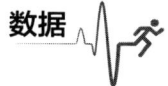
数据

1. "全面放开二孩政策"出台后,预计到2030年我们总人口将达到14.5亿人。在目前9000万的目标人群中,40岁以上和40岁以下各占一半。到2050年,中国劳动年龄人口将增加3000万,对经济发展的贡献力大致在0.5%。

2. "单独二孩政策"出台后,在上海,约有37万对符合政策的育龄夫妇,但截至2015年9月30日,提出生育申请的为2.98万,其中1.5万已经生育,占比为4%。

经典语录

1. 和政策有关的、无关的、想生的、不想生的,似乎都不影响大家对这一政策的关注。毕竟,这意味着在中国已经实行三十多年的独生子女政策宣告结束,"只生一个好"等类似的标语也将作为时代标语留在人们的记忆里。

2. 未来的愿景似乎已经清晰,眼下人们也在关注"全面放开二孩政策"到底何时能落地。以"单独二孩政策"为参照,"全面放开二孩政策"要想落地,除了中共中央的决定外,至少还需要经历国务院制定调整意见、全国人大常委会批准、各地实施方案报批、地方人大修订计生条例等几个程序。这意味着政策从公布到执行,符合"全面放开二孩政策"的家庭将有更多时间进行充分考虑。

第九章　环境类话题

环境可分为自然环境、社会环境和心理环境。本章的环境类话题，特指与自然环境有关的话题。自然环境，指未经过人的加工改造而天然存在的环境，是客观存在的各种自然因素的总和。人类生活的自然环境，按环境要素又可分为大气环境、水环境、土壤环境、地质环境和生物环境等，主要指地球的五大圈——大气圈、水圈、土圈、岩石圈和生物圈。近些年，大气环境和水环境的问题比较突出，因此将这两类单独列出，其他的环境问题归为一类。环境问题与我们的生活息息相关，有一定的出题概率，考生应掌握此类话题的定义和解题方法。

出题可能性：★★★☆☆

	分类	具体事例
环境类话题	空气	雾霾、全球气候变暖
	水	水污染、洪灾
	其他	防治水土流失、保护生物多样性

第一节　解题方法 >>>

解题方法：理念—技术—体制法。

面对环境类话题，许多同学会束手无策，不知道如何才能有层次地进行评述。"理念—技术—体制"是一个适合的方法。掌握这种方法的同学比较少，因此，如果组织得当的话能够不落俗套。对于环境保护、"互联网+"等与技术发展相关的，进入工业社会、信息社会才出现的问题，可以采用这种思路进行分析。

从理念的层面看，许多环境问题的产生，比如水污染、大气污染，都与相关部门

"先发展、后治理"的错误理念有关。我们应贯彻落实"绿水青山就是金山银山"的绿色发展理念,实现经济社会发展与生态环境保护的共赢。

其次,从技术的层面看,现阶段已经有较为成熟的科学技术来控制企业在排放废弃物时产生的污染,如果技术进一步革新,能解决工业生产燃煤、燃烧秸秆,或是汽车尾气排放等问题,污染是否也会相应减少呢?

最后,我国生态环境保护中存在的一些突出问题,大都与体制不完善、机制不健全、法治不完备有关。要想推进生态文明建设,就要完善经济社会发展考核评价体系、建立责任追究制度、建立健全资源生态环境管理制度等。体制机制完善了,环境问题才能得到根本解决。

第二节　案例分析 >>>

一、全球气候变暖

(一)新闻回顾

2015年12月12日晚,巴黎气候变化大会通过全球气候变化新协议。协议将对2020年后全球应对气候变化的行动作出安排。联合国官员称,这一协议的意义不逊于一次人类复兴。

2016年9月初,在杭州举行"二十国集团领导人峰会"期间,中国率先向联合国秘书长潘基文交存了《巴黎协定》批准文书。在《巴黎协定》的框架下,中国也设定了四大减排目标:第一,到2030年,中国单位GDP的二氧化碳排放要比2005年下降60%—65%;第二,到2030年,非化石能源在总的能源当中的比例要提升到20%左右;第三,到2030年左右,中国的二氧化碳排放要达到峰值,并且争取尽早达到峰值;第四,增加森林蓄积量和增加碳汇,到2030年中国森林蓄积量要比2005年增加45亿立方米。

一个国际科研小组在美国《国家科学院学报》上发表的一项新研究显示,全球变暖可能导致小麦、水稻、玉米、大豆等主要农作物的全球产量减少。有学者认为,印度近30年来5900名农民的自杀也与气候变暖有关。

(二)评述纲要

评述维度	关键句
理念	经济发展要优先考虑节能减排。
科技	落实"建成绿色、低碳、高效的现代化的能源体系"。
制度	在制度上的推进对于控制全球气候变暖也有一定的作用。

(三)评述范文

每年夏天,人们最常说的一个字就是:热!随之而来的问题还有:干旱、农作物减产、冰川融化、海平面上升……全球气候变暖无论对于我们自己,还是对于我们所生存的环境都有巨大影响,它不仅仅是一个国家的问题,更是全球共同的问题。那么,现在我们能够为环境做点什么呢?

首先,从理念上意识到全球变暖问题的严重性,各国在发展经济的同时,也要倡导节能减排。众所周知,二氧化碳的大量排放是导致全球变暖的原因之一。2019年,全球与能源相关的二氧化碳排放量在33吉吨(Gt)左右。显然,节能减排势在必行。习近平总书记在中央财经委员会第九次会议上强调,要把碳达峰、碳中和纳入生态文明建设整体布局,拿出抓铁有痕的劲头,如期实现2030年前碳达峰、2060年前碳中和的目标。普通民众也需要加强节约意识,在日常生活中减少能源消耗,如绿色出行、随手关灯、少用或不用一次性制品等。

其次,在技术上落实"建成绿色、低碳、高效的现代化的能源体系"。近些年来,国家加大了对科技创新的投入,加强了国际间的合作,推动了我国气候变化科学研究的快速发展,获得了一大批高质量科技研发成果。除了科技研究,我们还应该改变自己的出行习惯,绿色出行。而这需要发达的公共交通体系作为依托。比如欧洲一些国家有着从城市到乡村的全覆盖的公交系统,人们出行尽可能少使用私人小汽车,减少化石能源的消耗。除此之外,我们可以在日常生活中做好垃圾分类、减少一次性餐具的使用,节约能源。

最后,各国在制度上的推进对于控制全球气候变暖也有一定的作用。1979年,科学家开始召开国际大会,探讨如何应对由于人类活动带来的气候变暖问题。1988年,政府间气候变化专门委员会IPCC正式成立;1992年,多国在里约热内卢正式签署《联合国气候变化框架公约》。2015年,国际间达成《巴黎协定》。在《巴黎协定》的框架下,中国也设定了四大减排目标,在二氧化碳排放比、非化石能源比例、森林蓄积量等方面,承担与国家实力相匹配的责任。

总而言之,减少排放,减缓全球变暖,不仅仅是国家和政府的责任,实际上也是每个企业、每个公民的责任。有了理念上的改变,技术上的革新以及制度上的支持,我相信,全球气候变暖的问题会得到一定的控制。

二、中华长江白鲟灭绝

(一)新闻回顾

中国长江又一特有珍稀物种被宣布灭绝。长江白鲟是距今一亿五千万年的中生代白垩纪生存下来的古代鱼类之一,体形硕大,成鱼可长达七八米,游速迅疾,被称为"水中老虎""中国淡水鱼之王",它也是世界上最大的十种淡水鱼之一。据报道,2003年大年初一,中国水产研究院长江水产研究所的科学家最后一次救助、放生并跟踪了一尾长江白鲟。但随后,船触礁,被放生的白鲟的电波信号也消失了。

2020年1月农业农村部发布通告,从今年起在长江干流和重要支流除水生生物自然保护区和水产种植资源保护区以外的天然水域实施十年禁渔计划。在过去几十年快速、粗放的经济发展模式下,长江生物完整性指数已经到了最差的"无鱼"等级。所以,实行禁捕,让长江休养生息,迫在眉睫。

(二)评述纲要

评述维度	关键句
理念	人们缺乏对生态环境可持续发展的认知。
工业	工业的快速发展对环境产生破坏,现代捕捞技术的成熟令白鲟数量锐减。
科技	科技能改造环境,保护生物多样性。

(三)评述范文

中华长江白鲟灭绝了。50年前,中华长江白鲟还有很多,而在半个世纪里,它逐渐消失于滚滚长江水里。在这个过程中,我们曾做过许多努力,试图保护白鲟。但很遗憾,白鲟还是离我们而去了。造成白鲟灭绝的主要原因是人类的捕捞能力越来越强,却没有形成良好的保护环境的意识,也没有建立制约过度捕捞的管理机制。

首先,很多人缺乏对野生动物的保护意识,缺乏对生态环境可持续发展的认知。白鲟味美,体型大,商业价值高,民间有着"千斤腊子,万斤象"的说法。对于渔民来说，无论是中华鲟还是白鲟，只要捕捞到一尾，其收入比打十几网小鱼可观。统计数据显示，20世纪70年代，我国每年白鲟的捕捞量有5吨左右，渔民们用板车拖着鲟鱼肉去街上卖；经过大肆捕捞，到1999年，白鲟资源量已不足400尾。

其次，工业的快速发展对环境造成了破坏，现代捕捞技术的成熟令白鲟数量锐减。在过去几十年粗放的经济发展模式下，长江生物完整性指数已经到了最差的"无鱼"等级。进入工业社会后，人类的捕捞技术获得长足发展，白鲟再也无处藏身。

当然，科技最终掌握在人的手中，它既能破坏环境，也能改造环境、保护生物多样性。这就需要我们在可持续发展理念下建立起一套保护环境的长效机制。而长期以来，我国的环境保护机制是滞后的。保护长江水生生物资源、修复长江水域生态环境，是一项涉及面广、系统性强的重大社会工程，需要多部门联合行动，更需要多方从制度上进行保障。随着长江中的一个个物种离我们而去，我们也意识到了这方面的问题。终于，在2020年1月1日，长江开始实施十年禁渔计划，希望用十年时间还长江一片生机。

相信随着人们环保意识的增强，技术的不断发展和环境保护体制机制的健全，人类不仅能保护好地球上的邻居们，更能通过生物技术让已灭绝的生物回到我们的身边。

三、澳大利亚丛林大火

（一）新闻回顾

烧了200多天后，澳大利亚的丛林大火终于得到了控制。当地时间2020年2月12日，新南威尔士州消防部门在社交媒体上宣布，该州麦克夸利港已经烧了210天的大火被扑灭。据悉，新南威尔士州是澳大利亚丛林大火的重灾区，该州发生的大火始于2019年7月18日，燃烧了整整210天，累计烧毁土地面积达400公顷。

大火已经在澳大利亚肆虐了4个多月，造成33人死亡，2500多间房屋和1170万公顷土地被烧毁。路透社报道称，当地政府专家组发现澳洲有至少113种动物的30%的栖息地在山火中烧毁，导致动物数量大减。澳大利亚政府启动紧急管理介入计划，协助保育野生动物。

(二) 评述纲要

评述维度	关键句
起因	澳大利亚丛林大火是全球气候变暖的恶果。
现象	人类过度开发致使地球环境愈加恶劣,极端气候或者灾难频繁出现。
启示	1. 从长期来看,人类要保护环境,保护自然,保护地球。 2. 从短期来看,人类应该健全灾难预警机制,提升灾难应对能力。

(三) 评论范文

烧了200多天后,澳大利亚的丛林大火终于得到了控制。大火致数千人无家可归,造成的经济损失更是难以估量。对于澳大利亚乃至全人类来说,大火虽然被扑灭了,但人们反思的脚步不能停。

首先,这次大火威力巨大的根本原因,是全球气候变暖。澳大利亚每年夏天都会发生大大小小的山火,但2019年夏天,澳大利亚山林火灾的多发季比以往提前了数月,从春天就开始了,这显然不同寻常。而且,澳大利亚还遭遇了严重的旱情,损失惨重。澳大利亚科学家警告称,全球气候变化带来的仍将是高温少雨的天气。他们预测,在未来的几十年中,澳大利亚全年高森林火险的天数将增加20%至30%。可见,像这次的大火在未来还有可能重演。

其次,丛林大火只是全球气候变化的恶果之一,更多的极端天气和自然灾害已经频繁出现。例如,2020年初,就已经出现了东非蝗灾、蝙蝠袭击等具有广泛影响的灾难。这些灾难既有天灾也有人祸,是人类过度开发地球、破坏自然生态而受到的警告。德国哲学家黑格尔曾说:"人类唯一能从历史中吸取的教训就是,人类从来都不会从历史中吸取教训。"大自然正用各种方式一次次地吹响"警示的哨声",但很不幸,人类并没有完全觉醒,破坏地球的脚步从未停下。

最后,从长期来看,人类要保护环境,保护自然,保护地球。"病来如山倒,病去如抽丝",人类破坏地球很容易,但保护地球则是一个系统工程、长期任务,需要数辈人的努力。保护地球,我们可以从随手关灯开始,也可以从节约用水开始,或者从不滥捕杀野生动物开始。总之,我们需要开始。同时,我们也要健全灾难预警机制、提高灾难应对能力。这次的澳大利亚丛林大火之所以损失惨重,也跟民众误判火势有关。澳大利亚年年都有山火,因此一些人根据以往经验,认为火势蔓延不会太快,大火靠近时,还在家中寻找贵重物品,希望能在撤退时多抢救些财产,结果来不及逃生。此外,国际间也要加强联合救援力量，毕竟面对大灾难时，全人类要共同努力。

总而言之，本次澳大利亚丛林大山火虽然被扑灭了，但是灾难留给人类的伤痕一时无法痊愈，带给人们的反思也才刚刚开始。这不仅仅是大火，还是大自然的警告。保护地球，刻不容缓。

四、腾格里沙漠污染

（一）新闻回顾

2014年9月6日，有媒体报道称内蒙古自治区腾格里沙漠腹地部分地区出现排污池。当地牧民反映，当地工业园区将未经处理的废水排入排污池，让其自然蒸发，然后将黏稠的沉淀物用铲车铲出，直接埋在沙漠里面。

2014年12月，习近平总书记作出重要批示，国务院专门成立督察组，敦促腾格里工业园区进行大规模整改。

2015年6月5日，调查认定武威荣华工贸有限公司对此次事件负主体责任。该企业共向腾格里沙漠腹地违法排放污水8万多吨，污染面积达266亩。目前，武威荣华工贸有限公司环境违法事件的调查处置工作已完成，14名国家机关工作人员被依法依纪追责。

（二）评述纲要

评述维度	关键句
理念	排污责任企业和工业园区的环保理念严重欠缺。
技术	资金、技术缺乏，多年来数万吨污染物处理成难题。
改进措施	应该进一步优化环保的监管体制、监测手段。

（三）评述范文

改革开放以来，我国的经济发展成绩斐然，但与此同时，我们的生存环境也遭到了极大破坏。近年来，人们已经意识到，经济发展不能再以破坏环境为代价，从政府到社会无不体现出对环保的重视。但是，环境问题由来已久，有技术、理念和体制等方面的原因，不可能一夜之间就完全解决。

腾格里沙漠受到污染，首先，一个重要的原因是排污责任企业和工业园区的环保理念严重欠缺。腾格里沙漠是我国第四大沙漠，更是"人类史上治沙的奇迹"。但如今，这个奇迹已被破坏,专家指出,沙漠要"修复几乎是不可能的"。沙漠污染的始作俑者固然是黑心企业,但地方政府也有很大的责任。据了解,当地为了招商,工业园区曾经承诺帮助企业排放污水。因此,沙漠受到污染,归根到底还是地方发展理念出了问题。

其次,资金和技术的缺乏,加上多年来积累的数万吨的污染物,给治理带来难题。对于环境污染问题,当地有关部门并非毫无知觉。早在2008年,腾格里沙漠的工业园区就曾有一份报告指出,园区内年产工业污水总量已达520,000吨。园区意识到问题的严重性之后,也采取了一定的整顿措施,但受技术和资金限制,实际上的污水处理厂效能极低,每月接收的工业污水不足百吨,杯水车薪。对此,国家环保部门也伸出援手,在沙漠设置监测水井,设计再生水存储池,一年过后,情况才有一些好转。这也进一步证明,环境治理需要先进技术的支持,更要耗费大量资金,牺牲环境发展经济、先污染后治理实在是一门亏本生意。

最后,应该进一步优化环保的监管体制、监测手段,建立监管的长效机制。对污染公司的处罚,不能止于一纸通知,相关部门要承担跟进督促的责任。同时,对于在执法过程中违纪违法的官员,要加大处罚力度,杜绝不法官员与企业同流合污的现象。环保无小事,表面是环保治理的监督问题,更深层次则是执法人员的行政能力和效率问题。加强监管力度,严格遵守法律,提高行动审查效率,迅速查处违法人员,才是解决问题的有效策略。

总而言之,我们应该转变理念,创新和提高技术,健全并严格执行相关制度,多管齐下根治环境污染问题。

五、地震与洪灾

(一)新闻回顾

2020年入汛以来,我国南方地区发生多轮强降雨,造成多地发生较重洪涝灾害。水利部相关数据显示,截至2020年6月15日,洪灾已造成广东、广西、湖南、江西、贵州、重庆等24省(自治区、直辖市)852.1万人次受灾,13.8万间房屋不同程度损坏,622千公顷农作物受灾,直接经济损失达206.7亿元。

2020年入汛以来,强降雨持续侵袭导致甘肃舟曲县发生山洪、泥石流等灾害,多个村庄被毁。其中舟曲县曲告纳镇受灾十分严重,16个行政村、36个自然村、2834户13,103余人受灾,村庄、房屋被淹,道路中断。

应急管理部发布 2020 年全国自然灾害基本情况。2020 年,我国气候年景偏差,主汛期南方地区遭遇 1998 年以来最严重汛情,全年各种自然灾害共造成 1.38 亿人次受灾,591 人因灾死亡失踪,589.1 万人次被紧急转移安置;10 万间房屋倒塌,农作物受灾面积达 19,957.7 千公顷,其中绝收 2706.1 千公顷;直接经济损失 3701.5 亿元。

2017 年 8 月 8 日 21 时 19 分 46 秒,四川省北部阿坝州九寨沟县发生 7.0 级地震,截至 2017 年 8 月 13 日 20 时,地震造成 25 人死亡(其中 24 名遇难者身份已确认),525 人受伤,6 人失联,176,492 人(含游客)受灾,73,671 间房屋不同程度受损(其中倒塌 76 间)。

(二)评述纲要

评述维度	关键句
设施	加强基础设施建设。
机制	完善灾难应急机制。
人文	给予适当的人文关怀。

(三)评述范文

山河呜咽,风雨徘徊,至亲挚爱,生死永隔。当天灾到来时,人是那么脆弱却又无可奈何。地震和洪灾对于人力、物力、财力的损害不言而喻,我们怎样做才能将伤害降到最低?

首先,加强基础设施建设。有人说,抗灾必须从基础设施建设抓起。"震级不高,损失很大",是鲁甸地震灾害的显著特点。"杀人的不是地震,而是建筑",人们在鲁甸震后调查中发现,鲁甸县农村 80% 以上的房屋是没有抗震措施的砖木结构、夯土结构和垒石结构,抗震性能极差。同时,农村房子低矮也容易被洪水淹没。而在城市中,街道沟渠排水系统不畅是发生内涝的主要原因之一。这让人不禁思索,城市大规模建设时是否考虑过地下网管的更新与新建问题。因此,加强防震、防洪的基础设施建设迫在眉睫。

其次,完善灾难应急机制。这体现在预警渠道、政府协调组织能力、应急物资医疗供应等方面。相关部门应及时通过广播、手机、电视等渠道发布预警,政府应做好协调联动预案,抓紧建立和完善部门之间的有效沟通和协作机制,有序应对各类重大灾难事件。同时,媒体也可以通过自身渠道及时发布救灾最新消息,做好舆论引导。因此,灾难应急机制的建立与完善需要多方共同努力。

最后,给予适当的人文关怀。"灾难无情,人有情""一方有难,八方支援",每当灾难来临,总有源源不断的暖流从民间流向灾区。慈善组织、民间公益组织为人们提供了帮助灾民的渠道,全国人民会和灾区人民一起共渡难关。因此,促进人文关怀,需要每一个人的参与。

多难兴邦,中国的灾难应急机制正逐渐走向成熟,这是全世界有目共睹的。同时,我也相信,虽然灾难带给人痛苦,但每一个人的坚强乘以14亿,定能撑起中国脊梁。

六、雾霾

> 可以先练习说新闻再说即评

(一)新闻回顾

2017年,李克强总理亲自将"坚决打好蓝天保卫战"写入政府工作报告。

2016年12月,入冬以来最持久的雾霾天气来临,多个城市已达严重污染,雾霾直到21日后半夜才自北向南减弱消散。19日夜间进入此轮雾霾最严重的时段,影响包括京津冀、山西、陕西、河南等11个省市在内的地区。

2013年,"雾霾"成为年度关键词。这一年的1月,4次雾霾笼罩30个省(自治区、直辖市)。有报告显示,中国最大的500个城市中,只有不到1%的城市能够达到世界卫生组织推荐的空气质量标准。

(二)评述纲要

评述维度	关键句
原因	1.我国城市化、工业化迅速发展。 2.环境承载与污染排放失衡。
影响	1.危害人们的身体健康。 2.造成经济损失。 3.增加交通事故的发生率。
启示	1.改变"先发展、后治理"的理念,倡导使用新能源。 2.控制工业废气、汽车尾气的排放。 3.政府及相关部门加大监督力度,及时回应公众关切。

(三)评论范文

近来,雾霾越来越成为国人尤其是京津冀地区百姓心头挥之不去的阴影。湛蓝的天空成了稀缺资源,每天都能畅快地呼吸几乎变为一种奢望。一旦发生严重的雾霾,"等风来"成了人们最迫切的期待,这是一种戏谑,更是一种无奈。

首先,我们必须先改变"先发展、后治理"的发展思路,节约能源。19世纪,英国曾进入工业急速发展期,工业废气排放量剧增,伦敦成了"雾都"。后来,伦敦用了近半个世纪的时间来治理雾霾。我国某些地区也在走西方国家"先发展、后治理"的老路。目前,传统的煤炭能源仍然是我国重要的能源方式,而烧煤发电、烧油开车以及烧柴取暖都会产生环境污染,造成雾霾。因此,我国现在需要大力发展新能源、大力节约传统能源,这才是保护环境的正确道路。

其次,改善技术,促使传统能源减排也尤为重要。在APEC会议召开期间,北京天空湛蓝,这让人们看到治理雾霾并不是无计可施,减少废气排放就是一个好办法。但是,治理雾霾,必然是一场考验技术与意志的"生态马拉松"。我们的一些企业是否能采用新技术、新方法来限制工业排放呢?以石家庄某燃煤企业为例,这家公司对两台燃煤机组进行改造,取得了显著的减排成果,甚至有燃煤机能够达到"趋零排放"的水平。可见,减少工业废气和汽车尾气的排放需要技术的支持。

最后,政府信息公开,及时回应公众关切势在必行。保卫APEC会议期间空气质量的力度之大前所未有,政府和相关部门所付出的努力让我们知道"APEC蓝"来之不易。一份执法检查报告显示,2014年上半年,74个重点城市的PM2.5浓度同比下降7.9%。然而,刚刚入秋的京津冀地区,在进入采暖季前就已遭遇4度雾霾袭击,且PM2.5的浓度一路爆表。这让公众感到数据与实际有所出入:明明十月的报告显示PM2.5浓度有所下降,但实际好像不是这样的?是不是因为一些原因,相关人员放松了对企业超标排放的惩罚,而没有将相关信息彻底公开?因此,政府要逐步做到信息公开,让公众知道主要的污染物到底有哪些?还有没有其他很重要的污染物被遗漏了?除此之外,政府还要采取综合措施防治大气污染,缓解公众因为雾霾问题产生的焦虑。

治理雾霾,我们不是束手无策,但这需要一个长期的过程和所有人共同的努力。

第三节　相关练习 >>>

一、如何看待水污染

第一段:内容叙述+评述主题_____

_____。

第二段:关键句_____。

论据(　　　　　　　　　　　　　　　　　　　　　　　　　　)。

　　　　第三段:关键句_____。

论据(　　　　　　　　　　　　　　　　　　　　　　　　　　　　　　)。

　　　　第四段:关键句_____。

论据(　　　　　　　　　　　　　　　　　　　　　　　　　　　　　　)。

　　　　第五段:总结句_____

_____。

二、如何看待"APEC 蓝"

　　　　第一段:内容叙述 + 评述主题_____

_____。

　　　　第二段:关键句_____。

论据(　　　　　　　　　　　　　　　　　　　　　　　　　　　　　　)。

　　　　第三段:关键句_____。

论据(　　　　　　　　　　　　　　　　　　　　　　　　　　　　　　)。

　　　　第四段:关键句_____。

论据(　　　　　　　　　　　　　　　　　　　　　　　　　　　　　　)。

　　　　第五段:总结句_____

_____。

三、如何看待垃圾焚烧厂建立

　　　　第一段:内容叙述 + 评述主题_____

_____。

　　　　第二段:关键句_____。

论据(　　　　　　　　　　　　　　　　　　　　　　　　　　　　　　)。

　　　　第三段:关键句_____。

论据(　　　　　　　　　　　　　　　　　　　　　　　　　　　　　　)。

　　　　第四段:关键句_____。

论据(　　　　　　　　　　　　　　　　　　　　　　　　　　　　　　)。

　　　　第五段:总结句_____

_____。

四、如何看待《新环境保护法》实施

　　第一段：内容叙述 + 评述主题_____

_____。

　　第二段：关键句_____。

论据(   )。

　　第三段：关键句_____。

论据(   )。

　　第四段：关键句_____。

论据(   )。

　　第五段：总结句_____

_____。

五、如何看待沙漠毁林建电厂事件

　　第一段：内容叙述 + 评述主题_____

_____。

　　第二段：关键句_____。

论据(   )。

　　第三段：关键句_____。

论据(   )。

　　第四段：关键句_____。

论据(   )。

　　第五段：总结句_____

_____。

六、如何看待环保税开征

　　第一段：内容叙述 + 评述主题_____

_____。

　　第二段：关键句_____。

论据(   )。

第三段:关键句_____。
论据(   )。
　　第四段:关键句_____。
论据(   )。
　　第五段:总结句_____
_____。

七、如何看待"绿水青山就是金山银山"

　　第一段:内容叙述+评述主题_____
_____。
　　第二段:关键句_____。
论据(   )。
　　第三段:关键句_____。
论据(   )。
　　第四段:关键句_____。
论据(   )。
　　第五段:总结句_____
_____。

八、如何看待沙尘暴再度来袭

　　第一段:内容叙述+评述主题_____
_____。
　　第二段:关键句_____。
论据(   )。
　　第三段:关键句_____。
论据(   )。
　　第四段:关键句_____。
论据(   )。
　　第五段:总结句_____
_____。

第四节 《新闻1+1》评析

沈阳,想你到无法呼吸!

《新闻1+1》2015年11月9日播出的节目从雾霾这一老话题中发现了新问题,并结合区域特征分析深层原因。节目启示我们学会抓住细节,发现问题,在细节中寻找新的角度。

细节:11月8日,沈阳空气中PM2.5数值突破1300,沈阳市发动一级应急响应措施。然而工地依然在施工、车辆也未限行……

暴露的问题:空有应急预案却没有具体机制,沟通渠道不畅通、各项指令没有得到真正落实,相关部门互相推诿让预案成为"一纸空文"。此外,东北三省的发展结构单一、经济滞后也让政府在解决空气问题上心有余而力不足。东三省应如何治理空气问题?

板块	主题	内容	评析
一、对新闻事件进行详细阐述:利用图片、概念解释、对比等多种方式让新闻变得直观、形象	1. 引出话题	每年初冬供暖开始,东北总有一个城市让你"看不到也找不到"。前两年是哈尔滨,PM2.5冲破500,整个城市笼罩在雾霾中。昨天,沈阳以"破世界纪录的勇气和决心"将哈尔滨前几年的表现远远抛在身后。	从哈尔滨切入,随后带出沈阳,并以一种戏谑的口吻将二者进行对比。
	提示:犀利、有趣、幽默的语言风格会给评述增色不少。		
	2. 照片解析	第一张照片里是白茫茫一片;第二张照片里远处天空"飘"着五个字。	具象的东西更加生动形象、吸引人注意,分析照片可以让人更直观地理解沈阳雾霾的严重程度。
	提示:可灵活运用图片、故事、电影情节等元素,用简洁明了、轻松幽默的语言对图片进行解读。		
	3. 解释PM2.5指数标准	(PM2.5指数)200为中度污染,300为重度污染,500为严重污染,然而沈阳当日的指数超过1300。	解释概念起到知识普及作用,同时凸显沈阳空气污染的严重程度。
	提示:给评论增加"附加值",让听众通过你的评论能获得他不知道或忽略的信息和知识。		

续表

板块	主题	内容	评析
二、发现问题：沈阳市发布了预警、制定了应急预案却收效甚微，通知传达不到位、落实问题百出、相关部门推诿责任	4.分析沈阳本次严重雾霾的主因	(1)燃煤量加大，污染物排放量逐渐增加。 (2)来自东北方向的高污染带传输滞留。 (3)天气条件不利于污染物扩散。	从人为因素和自然因素两方面切入分析原因。
	5.应采取的措施	11月8日下午15:30分，沈阳市发布重污染天气一级红色预警。根据《沈阳市重污染天气应急预案》，当实施一级应急响应措施时，城区内停止建筑、拆除和道路的施工作业；采取机动车限号行驶措施。	直接引用官方发布的信息及相关规章制度，说服性强。
	6.发现问题	调查暴露的问题： (1)某些建筑工地仍在作业，工作人员称未收到停工通知，环保投诉部门工作人员称未接到一级预警通知，环保部门称(此事)由建委负责，通知也许"还在路上"。 (2)机动车限号行驶措施实际并未实施。	
三、分析问题：预警通知传达不到位暴露出应急机制不细化、预案缺乏演练与可操作性、东北三省的经济结构需要转型等问题	7.预警通知传达不到位、收效甚微的原因	(1)体制虽存在，机制有问题。沈阳市有应急预案和政府指挥部门，但没有对权力运行机制作出详细的分工，因此出现部门推卸责任的情况。预案本应细化，结果却很抽象，不切合地方实际，使方案难以得到落实。	总结：因此规则一定要具体，同时加强宣传教育和演练。
		(2)预案大多是文本预案，缺乏现实演练和现实可操作性。沈阳市的重点放在预警发布，却没有考虑发布工具是否有效，人们是否接收到，接收后采取的措施又是否有效。这反映了(政府)防范风险的治理能力还有待提高。在日本，一旦发生地震，不出几秒电视、广播会立即公布周知。这也体现了应急预案中有效的通知途径的重要性。	运用对比思维。日本成功的案例也必然有值得借鉴学习之处。
	提示：评论相关问题时加入对成功经验的介绍会让内容更充实。		
	8.东北三省解决空气问题受阻的更深层原因	(1)燃煤作为排放量最大的污染源排在首位。但天然气价格居高不下，沈阳市也并非产气地区，所以天然气全部依靠外来。像北京等地之所以能成功进行煤改气，则源于政府充足的财政补贴。 (2)2015年上半年，东北三省GDP增速排名倒数，其中辽宁上半年GDP增速为2.6%，排名垫底，黑龙江和吉林分列倒数第三和第四。单一的产业结构导致它的抗风险能力、抗市场冲击能力相对较弱，所以短期来看经济上面临着不小的压力。	此处再次利用对比思维，将北京解决问题的办法拿出来探讨，进而引出东北三省经济停滞不前的背景。 钱，无疑是升级的必要条件，但是鉴于东北三省目前所面临的经济压力，钱恰恰是最令人头疼的问题。
	提示：引用数据进行论证，支撑论点。		

续表

板块	主题	内容	评析
四、解决问题:理念转变、技术创新、体制机制创新	9.从理念、技术、制度三个层面探讨问题解决之道	(1)理念转变:想清楚发展是为了什么。如果认为发展是为了百姓,那么那些问题就都是次要的。五中全会提出要提高绿色指标在"十三五"规划全部指标中的权重,把保障人民健康和改善环境质量作为更具约束力的硬指标。 (2)技术创新:有很多好的技术可以解决燃煤和燃烧秸秆的问题。 (3)体制机制创新:管理部门应更好地运用管理权限,将可使用的资源进行优化整合。	提供解决性办法或意见时要从多角度考虑。 还可以从不同主体出发,如个人、企业、政府、国家等;从不同领域出发,如政治、经济、文化等提出问题解决方法。 鼓励大家多创新评述角度。
		提示:评述新出现的社会现象或问题,如"互联网+"、工业化导致的污染等,都可以用"理念—技术—体制"这个评述框架。	
	10.结束语	我们要用改革、要用创新、要用更开放的心态去解决这样的问题。但愿昨天沈阳的这1300多PM2.5值成为未来的一件好事,是好的转变的开始。	结尾要充满正能量,要对未来充满希望!

数据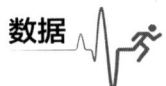

1. 中国气象局发布的数据显示,2013年辽宁的雾霾天数创下了52年来之最。当年1月份沈阳市的空气质量达标天数仅为3天。

2. 据辽宁省环保部门的分析,大气污染物排放主要来自燃煤、建筑工地扬尘、城市机动车尾气、工业生产排放废气以及外来尘等方面。其中,燃煤作为排放量最大的污染源排在首位,占总排放量的30%。

3. 为应对雾霾天气,从2013年的冬季开始,沈阳市就开展了煤改气、供热锅炉拆小并大、机动车尾气治理等一系列整治措施,仅2013年一年时间,沈阳市就拆除锅炉48台,并对243蒸吨燃煤锅炉的清洁能源实施改造。

4. 辽宁省环保厅首次给沈阳、大连、鞍山、抚顺等8市开出雾霾罚单,总额达到了5420万元。

经典语录

1. 从某种角度来说,我们现在还拦不住雾霾降临到我们身边,但是当雾霾非常严重的时候,我们能不能减少它给我们带来的危害呢?这个时候应急反应就非常重要了,但如果反应机制不太有效呢?

2. 东北给共和国"输血"一输就是 30 多年,以至于后来这个彪形大汉自己都有些气力不支了。很多人非常简单地说"你的观念转不过来",想想看人家家里几代人都在做一个合格的产业工人,突然这个产业结束了,他怎么去进行一种思维的转型?因此,有时候是站着说话不腰疼的,(我们)应该先对东北说谢谢。但是,东北经济的确面临着挑战。(白岩松善于辩证地看待问题,总能看到他人没有发现的价值,让人觉得富有正能量。)

第十章　体育科技类话题

体育科技类话题包括体育赛事、体育明星、科学技术发展等热点话题。当考试当年发生了令人瞩目的相关事件时,此类话题的出题可能性就会大幅提高。

出题可能性:★★☆☆☆

	分类	具体事例
体育科技类话题	科技类	阿尔法狗、火星探测
	体育类	"洪荒少女"傅园慧、奥运会

第一节　解题方法 >>>

解题方法:关键词概述法。

关键词概述法是主持人在进行即兴评述时常用的方法,其主要特点是将需要表达的观点总结为几个关键词,用关键词来提纲挈领,贯穿全篇。

这个方法有很多优点:首先,这种方法概括性强,重点突出,大家听了关键词就知道主持人要表达的最主要意思。其次,这种方法便于记忆,只需要记住几个关键词即可顺利串联起整篇评述。最后,采用同根词作为关键词,可以增加评述的文采,给观众留下深刻的印象。

第二节 案例分析 >>>

一、"胖五"发射升空

(一)新闻回顾

据国家航天局消息,2019年12月27日20时45分,长征五号遥三运载火箭在中国文昌航天发射场点火升空,约2220秒后与实践二十号卫星成功分离,进入近地点192千米、远地点6.8万千米的预定轨道,发射任务取得圆满成功。此次发射任务主要考核长征五号火箭总体方案、各分系统方案的正确性、协调性,对后续航天任务的相关关键技术进行验证。

(二)评述纲要

评述维度	关键句
新技术	新的技术的大量运用。
新人才	新的人才的不断涌现。
新征程	新的征程的顺利起航。

(三)评述范文

2019年12月,长征五号遥三运载火箭成功发射,卫星进入预定轨道,发射任务取得圆满成功。这次发射任务的成功,有三点让我印象特别深刻,我想用三个"新"来进行概括。

首先,是新的技术的大量运用。长征五号的出现,使我国火箭的运载能力提高了2.5倍,达到近地轨道25吨级、地球同步转移轨道14吨级,使我国运载火箭的规模实现了从中型到大型的跨越。而这种跨越的实现依靠大量新技术的运用。国际上研制新型火箭时,采用新技术的比例一般不超过30%。作为全新研制的火箭,长征五号采用了247项核心关键新技术,新技术比例几乎达到100%,而且核心技术都具有完全自主知识产权。

其次,是新的人才的不断涌现。在电视转播中,我们看到了航天发射指挥中心科研工作者们的风采,我发现他们有个共同的特点:都很年轻。在好奇心的驱使下,我查了这支科研队伍的年龄结构,惊讶地发现长征五号研发团队成员平均年龄还不满33岁,还有不少90后已经担任系统指挥的重任。有着这样一批经过了实践考验的航天领域生力军,相信我国的航天事业在今后将会给我们带来更多、更大的惊喜。

最后,是新的征程的顺利起航。长征五号遥二火箭发射失利后,中国航天遭到了前所未有的质疑,有网友甚至说"中国航天进入至暗时刻"。而本次任务的成功,意味着我国具备发射更重的航天器或将航天器送向更远深空的能力,是实现未来探月工程三期、首次火星探测任务、载人航天等国家重大科技专项和重大工程的重要基础和前提保障。在长征五号遥三运载火箭成功发射之后,文昌发射基地测发大厅的屏幕上出现了令人激动的一行字:我们的征途是星辰大海!它的发射成功意味着我国航天事业新的征程的顺利起航。

长征五号的成功标志着我们航天事业拥有了新的技术能力,锻炼了新的人才团队,令航天事业跃上新的台阶,我国从航天大国成为航天强国。

二、天问一号成功着陆火星

(一)新闻回顾

2021年5月15日7时18分,天问一号着陆巡视器成功着陆于火星乌托邦平原南部预选着陆区,中国首次火星探测任务着陆火星取得圆满成功。

2021年6月11日,国家航天局举行了天问一号探测器着陆火星首批科学影像图揭幕仪式,公布了由"祝融号"火星车拍摄的着陆点全景、火星地形地貌、"中国印迹"和"着巡合影"等影像图。

(二)评述纲要

评述维度	关键句
政治	科技发展与经济建设相互促进。
经济	科技需要政治的稳定和支持。
文化	科学技术与文化的交流日益密切与深入。

(三)评述范文

天问一号成功着陆火星,意味着中国成为美国、俄罗斯以外第三个实现登陆红色星球的国家。对此,我认为我们不仅要关注天问一号成功着陆火星这一科技发展成就个案,更要关注世界科技的发展大潮,提升科技意识,发挥科技的引领作用。

首先,科技发展与经济建设相互促进。科技实力的比拼,本质上是经济投入的比拼。知名航天咨询公司欧洲咨询发布了《政府航天计划:基准、剖面与2028预测》,对2018年之前的政府航天投资情况进行了分析:中国稳居世界航天投资排行榜第二,2018年航天投资额达58.3亿美元。航天探索的投入虽然巨大,但航天科技的发展给经济带来的作用也是巨大的。按照惯例,航天科技在经过一定时期的发展后,往往都会转化为民用,比如航天民航技术、生物技术、导航技术等,可以促进经济发展。

其次,科技需要政治的稳定和支持。一方面,科技人员受到政府以及社会的普遍重视,有较高的政治地位,国家的政治形势稳定,民主与法制健全,这些有利于科学技术的发展。另一方面,科技发展能提高生产力,不仅能促进社会经济发展,使政治更加民主;还能提高人民生活水平,改善民生,维护社会和谐,保持政治秩序稳定。

最后,在当今社会快速发展的情形下,科学技术与文化的交流日益密切与深入。科学技术发明在改善我们现代生活水平的同时,也塑造新的社会文化、思想观念、思维方式以及价值观,从而形成了新的文化结构和文化传播方式。比如数字资源的开发、网络工具的使用、传媒工具的革新等,使文化的传播与演进变得愈加方便和高效;当然反过来,文化的传播与共享,使人们的思想更加活跃,使科技创造活动也更加具有活力。天问一号成功着陆火星,就意味着我们的思想观念、思维方式以及价值观又要向前发展一大步,我们已经不局限于在地球上发展了,太空将是我们未来的第二个家园。

三、阿尔法围棋完胜柯洁

(一)新闻回顾

2017年5月27日,中国棋手柯洁(九段)和计算机围棋程序阿尔法围棋(AlphaGo)的第三场对决在浙江省桐乡市乌镇举行,阿尔法围棋执黑中盘胜。在本次"人机大战"三番棋决战中,柯洁以0比3的总比分不敌阿尔法围棋。

阿尔法围棋是第一个击败人类职业围棋选手、第一个战胜围棋世界冠军的人工智能程序,由谷歌(Google)旗下 DeepMind 公司戴密斯·哈萨比斯领衔的团队开发。其主要工作原理是"深度学习"。

(二)评述纲要

评述维度	关键句
经济	人工智能越来越广泛地应用在经济领域。
政治	人工智能对政府治理产生多重影响。
社会	人工智能覆盖我们日常生活的方方面面。

(三)评述示范

阿尔法围棋是计算机围棋程序机器人,人机三战都以阿尔法围棋获胜为最终结果,这未免让我们觉得有些不可思议。但再一细想,阿尔法围棋战胜柯洁,应该是人类的荣耀,而不是耻辱。

首先,花重金研发的人工智能越来越多地应用在了经济领域。相关数据显示,从2008年到2015年,谷歌在研发上的总投入超过3283亿人民币。除了在研发上有着巨额投入外,谷歌还收购了一系列技术公司,此次研发出阿尔法围棋的团队,正是谷歌花费了4亿英镑在2014年收购的英国团队。随着人工智能的发展,它将改变经济领域中生产和消费的现有模式。在生产方面,人工智能将把机械批量生产与先进技术结合,形成新的生产模式。而在消费方面,人工智能可以分析客户特征,从而给客户提供更适合他们的方案。

其次,从政府治理的角度而言,人工智能也产生了正面与负面两方面的影响。正面的影响是有助于解决政府行政办公流程漫长的问题;负面的影响则是提出了新的伦理挑战。随着人工智能的发展,机器本身似乎拥有了意志,在日本,一个人工智能机器人甚至拥有国籍,拥有人身权利,这给管理者带来了各种难题。

最后,从新一代个性化的搜索引擎,到广泛通过语音和动作交互的生活助手,人工智能可以覆盖我们日常生活,改善人们的生活方式和习惯。而在社会领域中,人工智能可以促进实现社会资源的优化配置,在社会交友、社会组织、社会救助、文化交流等方面产生极大的帮助。比如在社会救助领域,人工智能会第一时间找到就近的资源进行调度,提升救助效率。但是,很多人担心人工智能的发展会威胁到人类的生存。事实上,人工智能在许多领域的水平与人类专家的水平相去甚远,人工智能技术目前只是一个强大的工具,远远没到取代人类地位的程度。

总之，这次阿尔法围棋完胜柯洁被认为是人工智能发展当中的一个重要里程碑。人工智能在给人类带来巨大便利的同时，也带来包括伦理在内的各种挑战，值得人们思考。

四、科比意外去世

（一）新闻回顾

美国职业篮球退役球星科比·布莱恩特于 2020 年 1 月 26 日在加利福尼亚州南部卡拉巴萨斯市发生直升机坠毁事故丧生，享年 41 岁。这起坠机事故发生在当地时间上午 10 时左右，地点位于洛杉矶市区以东约 50 公里处。卡拉巴萨斯市政府随后在社交媒体上证实，事发时科比在直升机上，机上 9 人无人生还。

（二）评述纲要

评述维度	关键句
篮球天赋	他展现出惊人的篮球天赋和热情。
赛事回忆	他带给我们无数令人惊叹难忘的经典赛事和精彩瞬间。
曼巴精神	他代表从不退却、从不放弃、从不逃遁、忍辱负重，在困难中创造奇迹的曼巴精神。

（三）评述范文

2020 年 1 月 26 日，太平洋彼岸传来噩耗，两代球迷的青春回忆、美国篮球巨星科比·布莱恩特在一次直升机坠毁事故中丧生，享年 41 岁。事故发生后，人们纷纷通过各种方式怀念他，怀念他的篮球天赋、怀念他带给球迷的精彩瞬间、怀念他那永不服输的曼巴精神。

首先，人们怀念他，是因为他展现出惊人的篮球天赋和热情。科比出身篮球世家，他爸爸是一名职业篮球运动员，科比在很小的时候就显露出过人的篮球天赋和热情。在同龄人中，无人是他敌手，也无人是他朋友，他常常独自一个人在球场上，对着自己的影子练球。在孤独的日子里，只有篮球与他相伴。科比惊人的天赋，让他早早走进球探视野。1996 年，年仅 18 岁的科比以高中生身份加入 NBA，开启辉煌的职业生涯。

其次,人们怀念他,是因为他带给我们无数令人惊叹难忘的经典赛事和精彩瞬间。科比曾代表湖人夺得5次NBA总冠军,给球迷留下数场精彩比赛。没有人会忘记2000年湖人季后赛全胜杀入总决赛,没有人会忘记科比那技惊四座的转身反手扣篮,没有人会忘记当年如日中天的邓肯被"虐"到低头捂脸,没有人会忘记他那单场81分的神迹,没有人会忘记2010年总决赛他最后几分钟的疯狂,更没有人会忘记他最后一场正式比赛独得60分上演惊天逆转。在他20年的职业生涯中,这样的精彩实在太多。

最后,人们怀念他,更是因为他代表从不退却、从不放弃、从不逃遁、忍辱负重,在困难中创造奇迹的曼巴精神。科比的职业生涯堪称完美,但也曾遭遇至暗时刻。2003年他带领的湖人被马刺击败,无缘总决赛,2004年又被平民球队活塞队夺走总冠军。随后,他与奥尼尔、主教练禅师闹翻,湖人的成绩也因此大受打击,失去争冠实力。经过几年蛰伏,科比于2008年重回总决赛,只可惜败给拥有三巨头的凯尔特人。但是,"黑曼巴"并未沉沦,一年之后重夺总冠军,并首夺总决赛MVP。篮球带给他的不仅是荣耀,还有伤病,他浑身上下几乎都受过伤。最终,已征战20年的"黑曼巴"在2016年宣布退役,留给人们无限的怀念与惆怅。

人们怀念科比,不仅是怀念他精湛的球技、拼搏的精神,更是怀念我们都曾经拥有的青春岁月。怀念科比,致敬青春。

五、洪荒少女傅园慧

(一)新闻回顾

"58秒95?我以为是59秒!我有这么快?没有保留,我已经……已经用了'洪荒之力'啦!"2016年8月8日,在里约奥运会女子100米仰泳半决赛中,杭州姑娘傅园慧晋级决赛。在接受采访时,傅园慧气喘吁吁地称赞自己一身"神力",而她说话的表情也很夸张可爱。这段采访使她迅速走红网络,几小时内,傅园慧的微博粉丝数量增长了近60万。

2017年7月27日晚,在游泳世锦赛女子50米仰泳决赛中,傅园慧以0.01秒之差获得亚军,无缘卫冕,巴西选手梅德罗斯以27秒14的成绩夺得冠军。

(二)评述纲要

评述维度	关键句
社会	关注度对运动员来说也是一种鼓励。
个人	不应该过度关注运动员个人,而应该关注他们的比赛。
评价	不应该过度在乎输赢,不以成败论英雄。

(三)评述范文

2016年的里约奥运会让许多运动员大火了一把,其中就有游泳界的"洪荒少女"——傅园慧。搞怪可爱的表情以及豪爽直率的个性,让她成为媒体界和体育界的宠儿。那么,过度暴露在媒体聚光灯下,对于运动来说是好事还是坏事呢?

首先,这样的关注度对运动员来说也是一种鼓励。习总书记指出,体育是社会发展和人类进步的重要标志,是综合国力和社会文明程度的重要体现。也就是说,人们关注体育和体育明星,不仅仅是为了放松,本质上也是关注国家的发展,关注民族的复兴。这一点,我们应该深有体会。在20世纪初,我们曾经被称为"东亚病夫",这极大地刺痛了国民的神经。人们关注体育,是因为随着我国综合国力的增强,体育实力也不断增强,中国体育健儿的每一块奖牌,都体现出中国社会不断向前。

其次,我们应该更多地关注运动员的比赛,不要过度关注他们个人。无可否认,在里约奥运会时我们给予运动员极大的关注,但这样"针对"运动员个人的关注,未必有利于体育发展。现在,有很多人像追星一样在机场对运动员"围追堵截",要签名、要合照,但运动员毕竟不是娱乐明星,这样的行为只会给他们带来不便。为满足粉丝的期待,现在也有很多体育明星会出现在综艺节目里,但是我们要明白,对于运动员来说,参加综艺节目只是"副业",他们最主要的工作还是训练与比赛,所以我们作为支持者,还是应该更多地关注他们的比赛,而不是盲目追星。

最后,不要过度关注比赛的输赢,不以成败论英雄。在2017年游泳世锦赛领奖台上,傅园慧红着眼眶,她不甘心自己脖子上奖牌的颜色。于是,各种报道的标题都离不开"痛哭""痛失金牌""'洪荒之力'不再"等字眼。其实在竞技体育的赛场上,争冠军得金牌本无可厚非,但在拼尽全力之后,如果成绩不尽如人意,那就坦然接受,感受并分享运动的快乐,继续不断突破自我,这才是真正的奥林匹克精神。

第三节　相关练习 >>>

一、如何看待孙杨被禁赛 4 年 3 个月

　　第一段:内容叙述 + 评述主题_____
_____。
　　第二段:关键句_____。
论据(_____)。
　　第三段:关键句_____。
论据(_____)。
　　第四段:关键句_____。
论据(_____)。
　　第五段:总结句_____
_____。

二、如何看待女排精神

　　第一段:内容叙述 + 评述主题_____
_____。
　　第二段:关键句_____。
论据(_____)。
　　第三段:关键句_____。
论据(_____)。
　　第四段:关键句_____。
论据(_____)。
　　第五段:总结句_____
_____。

三、如何看待东京奥运会延期

　　第一段:内容叙述 + 评述主题_____

　　　　第二段:关键句_____。
论据(　　　　　　　　　　　　　　　　　　　　　　　　　　)。
　　　　第三段:关键句_____。
论据(　　　　　　　　　　　　　　　　　　　　　　　　　　)。
　　　　第四段:关键句_____。
论据(　　　　　　　　　　　　　　　　　　　　　　　　　　)。
　　　　第五段:总结句_____
_____。

四、如何看待运动员参加综艺

　　　　第一段:内容叙述+评述主题_____
_____。
　　　　第二段:关键句_____。
论据(　　　　　　　　　　　　　　　　　　　　　　　　　　)。
　　　　第三段:关键句_____。
论据(　　　　　　　　　　　　　　　　　　　　　　　　　　)。
　　　　第四段:关键句_____。
论据(　　　　　　　　　　　　　　　　　　　　　　　　　　)。
　　　　第五段:总结句_____
_____。

五、如何看待鸿蒙系统发布

　　　　第一段:内容叙述+评述主题_____
_____。
　　　　第二段:关键句_____。
论据(　　　　　　　　　　　　　　　　　　　　　　　　　　)。
　　　　第三段:关键句_____。
论据(　　　　　　　　　　　　　　　　　　　　　　　　　　)。
　　　　第四段:关键句_____。

论据(　　　　　　　　　　　　　　　　　　　　　　　　　　　　)。
　　第五段：总结句_____
_____。

六、如何看待"造车热"

　　第一段：内容叙述+评述主题_____
_____。
　　第二段：关键句_____。
论据(　　　　　　　　　　　　　　　　　　　　　　　　　　　　)。
　　第三段：关键句_____。
论据(　　　　　　　　　　　　　　　　　　　　　　　　　　　　)。
　　第四段：关键句_____。
论据(　　　　　　　　　　　　　　　　　　　　　　　　　　　　)。
　　第五段：总结句_____
_____。

七、如何看待智能穿戴设备

　　第一段：内容叙述+评述主题_____
_____。
　　第二段：关键句_____。
论据(　　　　　　　　　　　　　　　　　　　　　　　　　　　　)。
　　第三段：关键句_____。
论据(　　　　　　　　　　　　　　　　　　　　　　　　　　　　)。
　　第四段：关键句_____。
论据(　　　　　　　　　　　　　　　　　　　　　　　　　　　　)。
　　第五段：总结句_____
_____。

八、如何看待中国人进入自己的宇宙空间站

　　第一段：内容叙述+评述主题_____

_____。

  第二段:关键句_____。

论据(_____)。

  第三段:关键句_____。

论据(_____)。

  第四段:关键句_____。

论据(_____)。

  第五段:总结句_____

_____。

第四节 《新闻1+1》评析 >>>

一、善待地球 拯救自己!

  《新闻1+1》2015年7月24日播出的节目从探测到新行星切入,呼吁人们善待地球。评述科学类的话题,要将科学术语、数据通过通俗易懂的话语传递给观众,解答观众的疑惑,并善于发现观众没注意到的问题和角度。

板块	主题	内容	评析
一、切入主题,利用视频素材将要评述的内容做简单概括	1.切入主题	今天凌晨,一条消息的发布让地球上的不少人觉都睡不好了。什么消息会有这么大的反响呢?我们先看一段视频。 (视频) 归纳内容:美国宇航局今天对外宣布发现了迄今为止跟人类居住的地球最为相似的一颗系外行星,大大刺激了人们的想象力。	问题的设计既能增强互动又可设置悬念。 学会使用多元素材让评述更加生动有趣,如这里用到了视频、网友评论截图和媒体热议截图。 素材播放完后记得帮助观众加以归纳总结,这样他们会更容易理解。

续表

板块	主题	内容	评析
二、介绍开普勒-452b行星,详细解读开普勒-452b行星的相关信息	2.基本信息	姓名:开普勒-452b 位置:距离地球1400光年 体积:比地球大60% 年龄:60亿岁 相似指数:0.98 公转周期:385天 行星环境:其围绕一颗恒星旋转,距离刚好处于"宜居带"中,即表面温度允许液态水存在	
	3.专家解读	(1)1400光年是什么概念?以高铁、飞机为例,高铁时速350-400公里需要(走)超过40亿年,民航客机(需要飞)10亿年。 (2)从体积和公转周期来看,和地球的区别是什么? 因为它体积比地球大60%,所以引力比地球大。如果一个100斤的人站在上面感受到的体重是200斤,重力是地球的2倍。(它自转)周期比365天多一点。打个比方,这个行星上有人的话,他20岁,相当于在地球上活了21年。 (3)"相似指数0.98"相当于有98%的相似,那一点差在哪呢? 差在比地球略大一点,让它重力的环境(和地球)不一样,如果有生命的话,生命的结构就可能不一样,重力大的话可能(上面)不会有身躯庞大的动物。重力太大,支撑不住自己的身体,如果有生物,应该是小的。	解读信息的关键在于将抽象概念具体化,语言要通俗易懂。 用已知的作为未知的参照,是典型的抽象概念具体化的方法。 将地球与开普勒-452b进行对比,并通过举例的形式让人们理解。
过渡段		刚才是对该行星最粗略的了解,人类对于神秘的外太空、深邃的宇宙总是有没完没了的好奇心,人们为什么要这样做呢?	承上启下,利用问题引出下文。
三、范围延伸,介绍人类探索外太空的行为	4.过去的探索历程	人类关注月球、伽利略自制望远镜遥望月球、美国宇航员首次踏上月球、开普勒天文望远镜发射升空、首次发现宜居行星……	列举材料时切记注意分类与顺序,避免杂乱无章。
	5.目前的探索方式	主动探测:发射一些飞船、探测器出去看一看。并没有发现生命迹象。 被动监听:监控天空有没有信号。	

续表

板块	主题	内容	评析
	6.探索行为的意义	不是功能的意义,而是启发的意义。 它的年龄比地球大,因此它是我们(地球)老了之后的样子,研究它就是在研究我们未来的样子。 人类对于太空的探索是无止境的,知道越多,就越明白人类在宇宙中是多么渺小。	在探讨科学事物的意义时,可从功能与启发两方面去思考。
四、反思自我:通过诸多行为表象引出人们对地球的危机感,并开始进行深入分析	7.列举电影片段、探索项目及成果,反映人们对地球的忧虑	(1)列举灾难电影《后天》《2012》《环太平洋》和纪录片《家园》。 (2)列举历史上的探索成果:加加林首次进入太空、阿姆斯特朗踏上月球、第一架航天飞机"哥伦比亚"号、美国"好奇号"火星车成功降落火星表面…… (3)目前正在进行的项目:一项人类历史上规模最大的地外智慧生命搜索行动在英国伦敦启动。	(1)一句话概括电影内容,并透过电影反映人们的焦虑。引用电影元素使评论内容丰富、大众化。 (2)按时间顺序列举材料。 (3)从虚拟到现实、从过去到未来,反映人们对地球的忧虑。
	8.深层思考:为什么这么做?该如何去做?	(1)人类为什么不断探索宇宙?为什么对地球充满忧虑? 地球已经有各种各样的问题,如环境、能源、人口、粮食问题,我们现在无法预测地球还能坚持多久,但是这种焦虑始终伴随着我们,于是我们想找到另一个世界让我们移民过去。 (2)有可能找到吗?需要多久?有何建议? 很漫长,这是一个不断探索的过程。与其到开普勒-452b去找,不如从我们身边找,比如月球、火星,可能更靠谱。我们也已经有机器人、探测器在上面去探测了,中国的嫦娥计划就是要在月亮上建设基地,长期驻扎。	运用逆向思维,围绕同一个问题从相反的角度去分析。前面已谈到探索太空对人类的积极意义,这里则是从地球自身存在的问题来思考。
五、结束	9.呼吁人们看清现状、保护地球	理论上看从地球抵达"地球的表兄"是不可能的,那么从现实意义上来说,我们作为生活在地球上的人类,还是要好好善待我们生活的地球。	首尾呼应,仍将话题收回到开普勒-452b上,最后呼吁人类保护地球。

经典语录

1.近几年,一部部灾难大片有着巨大票房号召力,同时也折射出人们对于地球家园的隐隐不安。除了这些想象中的自然灾害,事实上人类活动已经对地球造成了难以逆转的破坏。

2. 它这么像我们的地球，它们的太阳这么像我们的太阳，我们可以说是孪生的姐妹，假如它的上面有一位天文学家，是不是也在用他们的望远镜来看我们的太阳，也许他们也在今天发布了一个新闻说找到了我们这个地球。我们不是孤独的。

参考资料

1. 月球，也许是人类最早关注的星球，400多年前伽利略用自制的天文望远镜遥望月球，看到与地球十分相似的山峦和河谷。到了1969年，两名美国宇航员不仅首次在月球上留下了人类的脚印，第一个登上月球并行走的阿姆斯特朗还留下了一句世人难忘的名言：这是个人迈出的一小步，但却是人类迈出的一大步。2015年7月23日，美国宇航局表示，人类可在5到7年内重返月球，并可在2030年左右定居月球。

2. 2009年3月，开普勒天文望远镜发射升空。4个月采集到地球周围3000光年内的15万颗恒星的光线数据。

2011年，一颗代号为开普勒-22b的行星被发现，这是首次在太阳系类似的恒星系中发现宜居行星，这样的发现随后几年陆续增多。

2013年1月9日，美国国家航空航天局宣布，在开普勒天文望远镜探测到的4600多颗类地行星中，有262颗可能会适合人类居住。

3. 2009年，纪录片《家园》真实展现了人类对于自然触目惊心的毁灭：每天有5000人死于饮用水污染，10亿人喝不到安全的饮用水，每年有1300万公顷森林消失，物种死亡的速度超过其自然繁殖速度的1000倍。

4. 从1961年4月12日苏联航天员加加林成功进入太空起，人类不断地挑战智力和生理极限，把探索的脚步印在地球以外的星球上。

1969年7月21日，阿姆斯特朗成为第一个踏上月球的人。

1981年4月12日，美国发射了世界上第一架航天飞机"哥伦比亚"号。

2012年8月6日，美国"好奇号"火星车成功降落火星表面。

2013年9月13日，旅行者1号确认飞出太阳系，正式进入星际空间。

2015年7月14日，经过九年半的太空穿梭，"新视野"号探测器飞抵冥王星附近。

2015年7月20号，一项人类历史上规模最大的地外智慧生命搜索行动在英国伦敦启动，霍金与多名科学家参与，这份计划预计花上十年时间，耗资1亿美元。

二、奥运归来：从零开始，超越自我

里约奥运会是2016年举世瞩目的体育盛事，《新闻1+1》2016年8月25日播出的节目将习近平总书记接见中国代表队时的重要讲话和里约奥运会两个主题相结合，对里约奥运会中的热点进行了较为全面、精湛的总结，同时让我们思考竞技体育与中国发展的紧密联系。除此之外，白岩松在本期节目中以评论员的身份出现，他在评论时清晰的逻辑、口语化的表达以及自然的状态都值得大家学习。

板块	主题	内容	评析
一、总起：从新闻切入主题并提出问题，对本届奥运会中国代表队的成绩作出总结	1. 新闻+提出问题，设置悬念	今天下午，中共中央总书记、国家主席、中央军委主席习近平会见了刚刚从里约奥运会回来中国体育代表团的所有成员。对于中国体育代表团来说，这次奥运会他们的突破是什么？怎样看待他们的成绩？对四年之后有什么样的期待？	本期节目的结构为总分总，开头是一个总起，三个问题不仅有引起观众兴趣的作用，实质上也是后面评述的框架。即兴评述中也会经常运用"连环问"开篇。
	2. 运用数据对本届奥运会的总体情况作出总结	16天的竞技，中国奥运军团以中国女排荡气回肠的胜利为标志，画上了完美的句号。26枚金牌，18枚银牌，26枚铜牌，奖牌榜位列第三，运动员们的场上拼搏，给国人带来一次次的感动。	将人们最关心的结果放在首位，体现其重要性。
		这次奥运会是中国体育代表团参加的第九次奥运会。 总人数：771人； 运动员：416人（女256人，男160人）； 参加比赛项目：2个大项，210个小项； 运动员平均年龄：24岁，是近三届奥运会里最年轻的一届，有73%的人是第一次参加奥运会； 结论：这是一支非常年轻的队伍。	透过现象看本质，使用数据资料应加以适当解释说明，否则无法体现数据的意义。

续表

板块	主题	内容	评析
二、分述：结合习总书记的重要讲话，对竞技体育精神，本届奥运会所获成绩、突破、遗憾与期待分别进行论述	3.如何看待竞技体育精神？	问：从观看者的角度会发现，这次奥运会跟以往相比发生了变化，（大家）不像以往每天数着增加了多少块金牌，到最后排名第几，有人说这才是体育精神。你觉得体育精神是什么？竞技体育的精神又是什么？	善于发现事物间的变化，并由此切入提问。这也是提问的技巧——将问题具体化。
		答：(1)改革开放刚开始，女排第一次夺冠、邹阵先世界领先、零的突破，这些让中国人找到自信和自豪。 (2)经过三十多年的快速发展，我们可以找到自信的地方太多了，已经不太需要在体育中来找自信了，但是自豪依然存在。 (3)总书记强调竞技体育在和平年代体现为凝聚力、形象、国家综合实力和软实力。	运用时间顺序＋举例子来体现不同的时代竞技体育对中国的意义。在即兴评述中时空逻辑的应用十分常见，可以用时间或空间顺序来展现内容的发展变化或表达自己的观点。
		对和平年代里竞技体育的体现进行阐释： ①凝聚力——奥运会就是个挥舞国旗的地方，不论平时人们说些什么，在这里都各自举着自己国家的旗帜。例如中国女排对战古巴，当3:2最后一球定胜负时，"轰"的一声站起来的全是中国人，这就是一种凝聚力。 ②形象——在奥运会展现中国人尤其是中国年轻人的形象。 ③国家综合实力和软实力——本届奥运会有10个国家获得他们历史上的第一枚夏季奥运会的金牌。李宗伟获亚军回马来西亚，总理都要去接他。 在最后一天结束之后，英国的金牌数终于超过了中国成为第二，其报纸头版全都是这个（新闻），英国人的自豪感油然而生。这就是一个国与国在和平时代的较量。	①通过描述现场、情景再现，让观众也能感受到当时的氛围，这样的形式非常生动具体，又能让观众真正理解何为凝聚力，将抽象概念具体化。 ②言简意赅，详略得当。 ③通过列举一些国家的例子来论证自己的论点，其中由于英国的例子与中国有紧密联系，因此着重点出。在即兴评述时如果有好几个论据的话，要注意详略分配得当。

续表

板块	主题	内容	评析
	4.我们该怎么看待自己的金牌数量?	我们在北京奥运会拿过第一,好几届都第二,习惯了好像觉得金牌无所谓了,但这次总书记在讲话中也强调:"我们不以胜负论英雄,但是英雄是要勇于争第一的。"在奥运会期间我们不唯金牌论,但是淡化金牌得是在你敢胜利、能胜利,并且有很大竞争能力的时候才可以说。如果拿不到金牌,金牌越来越少,然后你还说淡化金牌,这就是阿Q和鸵鸟。 中国乒乓球(金牌)一直是垄断的,甚至独孤求败,这是一个很高的境界;同时羽毛球运动员林丹虽然这次没有拿到奖牌,但是他长期保持极高的水准,而且不断超越自我。 总结:超越自我但没拿到奖牌,也值得伸出大拇指。	该段评论的焦点在于"淡化金牌"这一趋势,白岩松先是分析了这一趋势产生的原因,然后给它加上了一个"要敢胜利、能胜利"的前提条件,从而形成正确的导向,让观众区别两种情况的不同。随后列举了林丹这一事例来论证自己的观点。
	5.关于本届奥运会的突破	(1)举例:女子自行团体车竞速赛钟天使、宫金杰,男子跆拳道赵帅,男子100米仰泳徐嘉余,女子100米仰泳傅园慧,女子赛艇单人双桨段静莉,女子链球张文秀……	
		(2)评论:突破的价值在于让人看到新的希望,更重要的是超越自我。1984年邹振先在三级跳的成绩是第四名,这一次终于有男选手以17.58(米的成绩)获得第三。从第四到站上领奖台,我们走过了32年的时间。超越自我是不容易的,竞技体育的魅力就在这里。	善于运用时间、数字来描述事情的发展过程,辅助论证"超越自我是不容易的"观点。
		如何做到超越自我? ①观念:现在有人觉得竞技体育无所谓了,这是错误的。竞技体育就是竞技体育,而且将来中国的综合实力要更好、更快、更高、更强。 ②制度:举国体制,这是攀登高峰的基础,但也要改革创新,不断吸取国外先进经验,理念也要不断创新。 ③运动员角度:要勇于争第一。 ④观众角度:不那么关注奖牌,有助于我们的竞技体育从巨大压力中解放出来,将压力转化为推动力。我们的标准不是金牌数,而是看运动员们是否超越自我,同时观众也不再仅仅是看客,也该更多地参与到运动当中。	从思想、制度、理念、运动员、观众多角度来分析。

续表

板块	主题	内容	评析
	6.遗憾和不足	举例：上届包揽五枚金牌的中国羽毛球队本届只获得两金； 举重五金两银是历届最好成绩，但在女子53公斤平局没有成绩； 中国体操队遭遇严重的一次失利，自1984年洛杉矶奥运会以来首次没有金牌入账，只有男女团拿到了两枚铜牌，排在体操项目奖牌榜第11位。 此外，国际体联对规则的制定和修改对中国队的发挥也有不小影响。面对问题及时总结，是为了日后的进步与提高。	
	7.未来的期待该如何落实	结合习近平总书记说的"走下领奖台，一切都要从零开始"来分析。 (1)首先是理念的变化。今天特别强调体育要和健康中国、全民健康的概念联系起来，全国卫生与健康大会谈到的"健康中国"的概念已经打通了很多环节。 (2)其次，东京奥运会就在眼前，既是动力又是压力。英国排名第二是因为我们比得不好，金牌掉了12枚，奖牌掉了18枚。在这个周期里中国的竞争力是下降的，如何在东京让竞争力提升，是要思考的问题。对于中国体育界来说，应重新引起警觉，挑战很多，但里约的这次下滑反而可能会成为下一次上坡的开始。 具体举例说明：比如体操能不能跟上潮流，不仅有难度而且美，这对于中国自己的体操事业来说也将是一个大的进步；射击项目能否适应规则变得更好；集体球类项目能否像女排一样再创辉煌。	
三、结束语		对于运动员来说，在比赛中追求更快、更高、更强，是参加奥运会的应有之意； 对于观众来说，应该用更放松的心态去欣赏体育，这样也给了运动员们一个宽松的环境，让他们更好地去拼。	该结尾并没有对整期节目进行升华，只是简单地将上述提到过的观点进行概括，从运动员和观众两大主体再次进行总结，与前文呼应。我们在即兴评述时如果没有想到一个好的结语，那么将之前提到的点进行梳理，起到强调的作用，也不失为一个安全的方法。

经典语录

1.国歌、国旗，还有一张张年轻的面孔，里约奥运，有一种精神叫中国女排，有一种嘻哈叫傅园慧，有一对金牌情侣叫赵帅和郑姝音，有两个金牌突破叫场地自行车和男子跆拳道。无论是在延续传奇还是缔造传奇，和奥运健儿们再创佳绩共同升腾起的，是国人的民族自豪感。

2. 我们不以胜负论英雄，但是英雄是要勇于争第一的。

3. 在追求更快、更高、更强的奥运赛场上，金牌往往闪耀着王者的风范，这届（奥运会）不断突破，不但同样精彩，也更值得我们铭记。

（1）头戴穆桂英、花木兰头盔，女子自行团体车竞速赛钟天使、宫金杰是赛场上最"吸睛"的一对花旦，她们的拼搏，不但使中国自行车项目在奥运会获得第一金，也使亚洲选手在该项目获得第一金。

（2）在跆拳道项目上，中国一直是女强男弱。但这一次，第一次参加奥运会的赵帅，从一名曾经的陪练一步步努力，为中国获得首枚男子跆拳道的奥运金牌。

还有很多运动员的突破虽然未获得金牌，却也开启了全新的时代。

（3）男子100米仰泳，徐嘉余获得银牌，实现了中国男子仰泳奥运奖牌零的突破。

（4）1996年出生的傅园慧，我们记住了她的"洪荒之力"和率真个性，但别忘了，在女子100米仰泳决赛中，她以58.76秒的成绩获得铜牌，这是中国女子仰泳在奥运会上获得的第一枚奖牌。

（5）女子赛艇单人双桨，此前中国队的最好成绩是第四，段静莉在里约奥运会上获得铜牌，这也是中国和亚洲在这个项目的首枚奖牌。

（6）30岁的张文秀已经参加四届奥运会、八届世锦赛，在里约，她收获一枚银牌，这不仅是女子链球项目的最好成绩，也是中国田径在此次奥运会上田赛的最好成绩。

（7）一个人、一匹马撑起整个国家的荣耀，中国代表团唯一一名马术项目选手华天在马术个人三项赛中取得了第八名的好成绩，也让中国马术仅用八年时间就完成了从零到前八的突破。

除此之外，还有进奥运会男子公开水域游泳比赛的中国选手祖立军，还有获得女子公开水域10公里马拉松游泳第四名的辛鑫，还有第一次站在男子举重105公斤这样大级别赛场上的杨哲，他们，都代表了突破自我、挑战极限的奥林匹克精神，他们，也都为五星红旗增添着荣耀。

图书在版编目(CIP)数据

主持人即兴评述 / 苏凡博主编. -- 北京：中国传媒大学出版社，2021.7
（播音与主持艺术专业考前辅导丛书）
ISBN 978-7-5657-2955-3

Ⅰ. ①主… Ⅱ. ①苏… Ⅲ. ①主持人—语言艺术—高等学校—入学考试—自学参考资料 Ⅳ. ①G224

中国版本图书馆 CIP 数据核字（2021）第 106344 号

主持人即兴评述
ZHUCHIREN JIXING PINGSHU

主　　编	苏凡博
策划编辑	赵　欣
责任编辑	高卓毓　赵　欣
责任印制	阳金洲
封面设计	拓美设计
出版发行	中国传媒大学出版社
社　　址	北京市朝阳区定福庄东街 1 号　邮　编　100024
电　　话	86-10-65450528　65450532　传　真　65779405
网　　址	http://cucp.cuc.edu.cn
经　　销	全国新华书店
印　　刷	三河市东方印刷有限公司
开　　本	787mm×1092mm　1/16
印　　张	12.5
字　　数	231 千字
版　　次	2021 年 7 月第 1 版
印　　次	2021 年 7 月第 1 次印刷
书　　号	ISBN 978-7-5657-2955-3/G・2955　定　价　45.00 元

本社法律顾问：北京李伟斌律师事务所　郭建平
版权所有　翻印必究　印装错误　负责调换